湖北省社会科学基金项目成果

中国制造业技术创新与产业国际竞争力

理论分析及实证检验

保永文 著

Technology Innovation and the
International Competitiveness of
CHINESE MANUFACTURING
Theoretical Analysis and Empirical Test

中国财经出版传媒集团

经济科学出版社
Economic Science Press

图书在版编目（CIP）数据

中国制造业技术创新与产业国际竞争力：理论分析及实证
检验/保永文著 . —北京：经济科学出版社，2020.7
ISBN 978 - 7 - 5218 - 1554 - 2

Ⅰ.①中… Ⅱ.①保… Ⅲ.①制造工业 - 技术革新 - 研究 -
中国②制造工业 - 国际竞争力 - 研究 - 中国 Ⅳ.①F426.4

中国版本图书馆 CIP 数据核字（2020）第 077017 号

责任编辑：杨　洋
责任校对：蒋子明
责任印制：李　鹏　范　艳

中国制造业技术创新与产业国际竞争力：理论分析及实证检验
保永文　著
经济科学出版社出版、发行　新华书店经销
社址：北京市海淀区阜成路甲 28 号　邮编：100142
总编部电话：010 - 88191217　发行部电话：010 - 88191522
网址：www. esp. com. cn
电子邮件：esp@ esp. com. cn
天猫网店：经济科学出版社旗舰店
网址：http：//jjkxcbs. tmall. com
北京季蜂印刷有限公司印装
710 ×1000　16 开　14 印张　200000 字
2020 年 7 月第 1 版　2020 年 7 月第 1 次印刷
ISBN 978 - 7 - 5218 - 1554 - 2　定价：56.00 元
（图书出现印装问题，本社负责调换。电话：010 - 88191510）
（版权所有　侵权必究　打击盗版　举报热线：010 - 88191661
QQ：2242791300　营销中心电话：010 - 88191537
电子邮箱：dbts@ esp. com. cn）

前　言
PREFACE

新中国成立后，我国逐步建立了门类齐全、独立完整的现代工业体系，推动了工业化发展的历史进程。尤其是改革开放以来，我国制造业实现了持续快速的发展，然而与世界先进水平相比，依然大而不强，在自主创新能力、能源利用效率等方面存在明显差距。《中国制造 2025》中指出，制造业是国民经济的主体，是立国之本、兴国之器、强国之基。在新的国际宏观经济背景下，我国制造业面临来自发达国家和其他发展中国家的双重挤压，如何深化实施创新驱动战略，进而建设制造业强国，则是亟待解决的重要问题。

本书在技术创新理论、后发国家技术追赶理论、创新价值链理论、比较优势理论及产业国际竞争力理论的基础上，以我国制造业为研究对象，从创新投入和产出两个角度考察制造业各行业技术创新的现状及其历史变化，并分析影响我国制造业技术创新绩效的各项因素。另外，从出口规模和出口质量两个维度测度我国制造业的国际竞争力。在此基础上，以创新产出指标衡量技术创新，从出口规模和出口质量两个维度分析其对我国制造业国际竞争力的影响、产业异质性及其作用机制，得出以下结论：

从创新投入指标来看，我国制造业研发经费支出和研发人员投入的绝对规模及其相对比重均增长较快，各行业在研发密集度和专利密集度上存在较大差异。从创新产出指标来看，我国制造业专利申请数及新产品销售收入均增长较快，创新投入与创新产出具有较高的正相关性，但创新产出的质量层次较低，且创新成果产业化的速度相对缓慢。

从出口规模来看，我国制造业中具有很强国际竞争力的主要为具有要素禀赋优势的劳动密集型产业，但其成本比较优势趋于下降；资本密集型产业占比最低，但其竞争力上升较快；技术密集型产业虽已占据主导地位，但存在出口规模上的"统计幻象"，除个别行业外，主要从事出口加工贸易，依然缺乏竞争优势。从出口质量来看，我国劳动密集型、技术密集型产业中出口占比较高的行业大多技术含量较低且增长缓慢，主要基于价格竞争，缺乏质量竞争力；资本密集型产业中出口占比较高的行业技术复杂度相对较高，即通过技术水平升级提高了其产业国际竞争力。

行业知识产权保护通过可专有收益性机制对制造业技术创新具有直接的正向激励效应。此外，知识产权保护通过促进国外技术引进间接影响我国制造业的创新能力。技术引进与自主研发之间既存在替代效应，也存在互补效应，由于吸收能力差异，导致国外技术引进与我国制造业技术创新之间呈非线性关系。技术后发优势的实现存在异质吸收能力门槛效应，只有以研发支出存量和人力资本衡量的吸收能力高于临界值，技术引进才能有效提高我国制造业技术创新水平。

技术创新通过成本竞争机制和产品差异化机制提升制造业国际竞争力。以专利申请量度量的创新产出显著提升了我国制造业的整体国际竞争力，其对资本密集型产业国际竞争力的提升效果显著大于劳动和技术密集型产业。技术含量较高的发明专利显著提升了资本密集型和技术密集型产业的国际竞争力，但对劳动密集型产业的影响不显著。技术含量较低的实用新型和外观设计专利显著提高了劳动密集型和资本密集型产业的国际竞争力，但对技术密集型产业的影响不显著。技术创新主要通过产品差异化机制提升我国制造业国际竞争力，而经由成本费用下降带来的成本竞争机制没有显著作用。

以专利申请量衡量的创新产出显著提升了我国制造业的出口技术复杂度，行业知识产权保护强度和技术成果转化效率对其影响具有调节效应。创新产出对劳动密集型产业和资本密集型产业的出口技术复杂度均具有显著的提升效应，但对技术密集型产业的影响不显著。创新产出对制造业中处于不同出口技术复杂度水平的行业的影响存在显著差异，其对低分位点行业的影响较大，但对高分位点行业的影响逐渐减弱。

目　录

CONTENTS

◇◇◇◇◇◇◇◇◇◇ 第一章 ◇◇◇◇◇◇◇◇◇◇

绪论

◇◇◇◇◇◇◇◇◇◇ 第二章 ◇◇◇◇◇◇◇◇◇◇

概念界定、理论基础及度量指标

◇◇◇◇◇◇◇◇◇◇ 第三章 ◇◇◇◇◇◇◇◇◇◇

中国制造业技术创新与产业国际竞争力的特征化事实

◇◇◇◇◇◇◇◇◇◇ 第四章 ◇◇◇◇◇◇◇◇◇◇

知识产权保护、技术引进与中国制造业技术创新

◇◇◇◇◇◇◇◇◇　第五章　◇◇◇◇◇◇◇◇◇

中国制造业技术创新与产业国际竞争力：
基于出口规模的经验检验

◇◇◇◇◇◇◇◇◇　第六章　◇◇◇◇◇◇◇◇◇

中国制造业技术创新与产业国际竞争力：
基于出口质量的经验检验

◇◇◇◇◇◇◇◇◇◇ **第七章** ◇◇◇◇◇◇◇◇◇◇

结论与展望

第一章

绪　论

第一节　选题背景和研究意义

一、问题的提出

　　长期以来，我国要素禀赋的基本特征是：劳动力资源丰富，自然资源总量较大，但资本相对稀缺。遵循比较优势原理，我国依靠丰富的劳动力资源和低廉的工资成本，通过引进外资，大力发展劳动密集型出口行业，推动了我国经济的长期高速增长。然而，近年来我国出口行业不仅面临国内人口红利渐趋衰减，资源环境约束凸显等一系列问题，同时遭遇全球产业链梯度转移、发达国家技术创新侵袭等外部环境因素的影响，迫使我国必须转变外向型经济发展方式。

　　从我国出口商品结构来看，2014年，工业制成品所占比重为95.19%，表明制造业产品在我国出口商品结构中占据了绝对主导地位。在制造业产品出口额中，劳动密集型产业商品所占比重已经由1994年的59.46%下降至2014年的27.83%，而资本密集型产业、技术密集型产业商品所占比重则分别由1994年的12.88%和27.47%上升至2014年的16.71%和55.39%。① 由此可见，技术密集型产业已成为我国制造业出口的主导部门。基于出口规模，以显示性竞争优势

----

① 根据UN Comtrade数据整理得到。

指数（CA）衡量的产业国际竞争力测算结果表明，我国制造业中具有很强国际竞争力的行业为纺织业，纺织服装、鞋、帽制造业，皮革、毛皮、羽毛（绒）及其制品业，文教体育用品制造业及通信设备、计算机及其他电子设备制造业，即我国出口行业中具有很强国际竞争力的依然主要为劳动密集型行业，但其比较优势趋于下降。虽然橡胶制品业、塑料制品业、黑色金属冶炼及压延加工业、金属制品业等资本密集型产业的竞争优势较为突出，但多属于资源型行业，且在我国制造业出口总额中所占比例较低。技术密集型产业中，则仅有通信设备、计算机及其他设备制造业显示出较强的产业竞争优势，其他行业均处于竞争劣势，加工贸易的特征显著，单纯依靠出口规模数据衡量产业国际竞争力存在"统计幻象"。

从全球产业价值链分工地位来看，我国制造业部门长期处于产业价值链的低端，主要从事加工组装等低附加值环节的生产，加工贸易是中国制造业参与全球价值链分工的主要方式（Hanson，2016）。如图1-1所示的全球价值链（GVC）增加值"微笑曲线"形象地展示了生产过程中GVC不同环节产业附加值的高低，其中，研发、设计、市场营销、售后服务环节实现的附加值较高，而加工组装则是附加值最低的环节（张平，2013）。周升起、兰珍先、付华（2014）等学者的研究也表明，中国制造业整体及内部各行业在GVC中的国际分工地位仍处于较低水平。中国劳动密集型产业在GVC中的国际分工地位明显高于资本技术密集型和资源密集型产业部门。

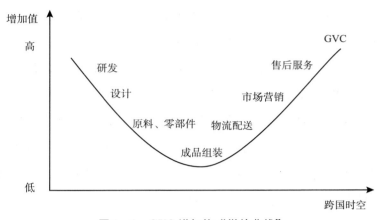

图 1-1　GVC 增加值"微笑曲线"

目前，我国参与国际贸易分工的模式主要是发达国家与发展中国家之间的贸易，依然遵循传统的比较优势理论，要素禀赋在贸易分工格局中起主要作用。然而，近年来随着刘易斯拐点的到来，我国人口红利渐趋衰减，劳动力成本逐渐上升，传统的劳动密集型出口行业已逐渐丧失其成本优势（蔡昉，2010）。在劳动密集型出口行业渐趋式微，制造业整体处于全球价值链低端，资源环境约束日益严峻，而全球需求结构不断升级的宏观经济背景下，深化实施创新驱动战略，培育新的竞争优势，则是增强我国制造业国际竞争力，进而提升其在全球价值链中的分工地位，促进我国出口贸易长期持续增长的重要战略举措。那么，哪些因素影响中国制造业的技术创新绩效？技术创新是否有效提升了中国制造业的国际竞争力？不同技术含量创新成果对产业国际竞争力的影响是否存在显著的产业差异？创新产出通过哪些渠道或机制影响我国制造业的国际竞争力？

二、研究意义

1. 理论意义

（1）在国内外宏观经济背景下，结合中国制造业技术创新与产业国际竞争力的实际，分析我国制造业技术创新的影响因素及技术创新对产业国际竞争力的影响及其作用机制，对于深化实施创新驱动战略，推动我国对外贸易方式转型具有重要的理论意义。

（2）从出口规模和出口质量两个维度来测度我国制造业的国际竞争力，有利于深化对于产业国际竞争力理论的认识，客观、准确地判断我国制造业在国际市场的竞争能力及其在全球产业价值链上的分工地位。

（3）在知识生产函数理论的基础上，结合后发国家技术创新的实际，构建包括国内技术研发和国外技术引进的知识生产函数。着重探讨知识产权保护制度和国外技术引进对于中国制造业技术创新的影响及其作用机制，丰富了技术创新理论的内涵，深化了对于后发国家技术演进规律的认识。

（4）从出口规模和出口质量两个维度深入探讨后发经济的技术创新对我国制造业国际竞争力的影响及其作用机制，以及异质创新产出的影响效果及其产业异质性，丰富了关于技术创新与国际贸易的理论联系及其作用机制的认识。

2. 现实意义

（1）在中国劳动力、资源成本优势不再的情况下，如何通过技术创新和要素禀赋结构的动态改善推动我国外向型经济发展方式转变，对于提升我国制造业在全球价值链中的分工地位，提升产业国际竞争力，进而实现国民经济的长期稳定发展具有重大的现实意义。

（2）在全球技术创新的浪潮中，深入认识发展中国家技术创新的影响因素，对于改革我国科技发展战略，提高技术创新的综合实力，进而改变经济发展方式，提高经济发展的质量和效益具有重要的指导意义。

第二节　国内外研究现状

一、技术创新及其影响因素

自熊彼特（Schumpeter，1912）提出创新理论以来，创新被视为推动经济长期增长的重要源泉。许多学者对创新绩效的影响因素进行了深入的研究。由于国家间在科学技术基础、物质资本和人力资本积累方面存在较大差异，发达国家和发展中国家遵循不同的技术进步路径。发达国家的创新产出不仅受先前知识存量的影响，还依赖于研发人员等知识生产要素的投入。对技术后发国家而言，除投入知识生产要素进行自主研发外，还可以通过技术引进、吸引外商直接投资、出口等方式获取外部资源的知识溢出效应，进而通过消化吸收、模仿改造推动技术创新。此外，市场结构等产业组织因素及知识产权保护等宏观制度变量也间接作用于技术创新。具体而言，关于技术创新绩效影响因素的研究主要从以下几方面展开。

（一）国外研究现状

1. 知识生产要素投入、知识溢出与技术创新

格瑞里茨（Griliches，1979）提出用生产函数的方法去估计研发支出

的收益，并讨论了研发密集型行业中产出的度量和研发资本存量的定义与测度，研发的溢出效应即用公司和产业的技术距离测度溢出效应。科和赫尔普曼（Coe & Helpman，1995）研究表明，全要素生产率和研发（R&D）资本存量存在紧密的联系，当一个经济体国际贸易的开放程度越高，国外研发资本存量对国内全要素生产率的影响越强。在大的经济体中，生产率对国内 R&D 资本存量的弹性要大于国外 R&D 资本存量，在大多数小型经济体中，国外 R&D 资本存量的弹性则要更大一些。

外商直接投资（FDI）、国外技术引进和出口是获取技术溢出效应的三个重要渠道。科、赫尔普曼和霍夫迈斯特（Coe，Helpman & Hoffmaister，1997）利用 77 个发展中国家的面板数据研究表明，发展中国家的全要素生产率和与其贸易的工业化国家的研发存量及从工业化国家进口的机器设备呈显著正相关，发达国家对发展中国家存在研发的溢出效应。艾特肯和哈里森（Aitken & Harrison，1999）研究发现，外资参股与企业生产率正相关，但这种关系仅对小企业而言是稳健的，外国投资对国有企业的生产率具有负向的影响，总的来看，外商投资的净影响非常小。林慧琳和埃里克·林（Hui-lin Lin & Eric S. Lin，2010）利用 2003 年中国台湾地区技术创新调查的数据证实，FDI、进口和出口均对制造业部门产品的技术创新具有显著的正向影响。李·布兰斯提特（Lee Branstetter，2006）利用日本企业层面 FDI 和创新活动的面板数据研究发现，FDI 是投资企业和本土企业之间知识溢出的一个渠道，跨国企业作为发达国家间知识溢出的渠道具有潜在的重要性。

2. 知识产权保护与技术创新

严格的知识产权保护制度是否有利于激励创新，这个问题仍然在许多学者间存在争议。赫尔普曼（Elhanan Helpman，1993）建立了一个包括南方和北方两个区域的动态一般均衡模型，北方从事创新，而南方模仿技术，南方实施严格的知识产权保护制度将阻碍模仿行为，抑制其技术进步。佩特拉·莫泽（Petra Moser，2013）通过对现存历史证据的研究表明，对早期发明者授予严格知识产权保护的专利政策可能会阻碍创新。相反，鼓励创新思想传播的政策，为鼓励进入和竞争而修改专利权法可能是鼓励创新的一个有效机制。与此相反，蒙代尔和古卜达（Mondal & Gupta，2006）则认为，当模仿率比较高时，发展中国家应强化知识产权保护，在这种情况下，严峻的环境会使本地企业提高创新能力，南北方都可以从强化知识产权保护中获益。克拉默（Krammer，2009）对 16 个东欧转型国家的研究发现，知识产权保护等制度变量显著增加了技术创新产出。

3. 产业组织与技术创新

熊彼特（1942）认为大企业实力雄厚，可以承担高额的研发费用，并且抵御风险的能力较强，因此，企业规模越大越有利于创新。曼斯菲尔德（Mansfield，1968）则认为，一旦企业形成垄断地位，进行技术创新的动力就会逐渐丧失，过大的企业规模也会降低技术效率。吉尔曼（Gellman，1976）研究表明，与大企业相比，小企业机制相对灵活，并且通常面临的竞争压力更大，因此，小企业更有利于技术创新。邦德等（Bound et al.，1984）则研究发现，企业规模和研发支出之间呈现正 U 形的关系，随着企业规模的增大，研发支出先出现下降而后上升，与大企业和小企业相比，中等规模企业的研发强度更高。科恩、莱文和莫弗里（Cohen，Levin & Movery，1987）利用联邦贸易委员会的商业数据研究发现，当考虑固定的产业效应或可度量的产业特征时，总体公司规模对业务单元的研发密度具有非常小的且统计上不显著的影响。但是，业务单位的规模影响其执行研发的可能性。阿吉翁和尼古拉斯等（Aghion，Nicholas et al.，2005）利用面板数据研究发现，产品市场结构与创新之间存在一个倒 U 形的关系，市场结构激励旗鼓相当的公司进行创新，但并不能激励落后企业进行创新，连同竞争对均衡产业结构的影响，产生了倒 U 形的关系。当行业内企业旗鼓相当时，倒 U 形曲线更加陡峭。

4. 自主研发、技术引进与技术创新

金钟范和查尔斯·斯图尔特（Jong Bum Kim & Charles Stewart，1993）对 10 个国家的时间序列数据检验发现，国内自主研发和技术引进具有很强的互补性，伴随着技术发展战略从依赖、模仿向自主发展的转变，这种互补性将在技术发展的后期阶段逐渐减弱。阿尔伯特和杰弗逊（Albert & Jefferson，2005）等通过分析中国大中型企业的面板数据发现，国内的自主研发与国外或国内的技术转移具有显著的互补性，国内研发能力对于吸收外部获取的技术具有极其重要的作用。克拉默（Krammer，2009）研究发现，大学与公共、私人来源的研发活动是互补的，国家现有知识基础对技术创新的产出发挥了重要的作用，政策变量，如知识产权保护或有利的商业环境显著增加了专利倾向，然而，过渡性低迷和工业重组措施减少了专利倾向。全球化通过外商投资和贸易促进了创新。哈格多恩和王宁（Hagedoorn & Ning Wang，2012）利用 1986～2000 年 83 个医药企业的面板数据研究表明，内部研发和外部研发策略在塑造一个公司创新产出中的关系是依情况而定的，并没有一个确切的答案。内部研发投资的水平具有边际收益递减的特征，它是一个权变变量，影响内部和外部研发策略的关系。当内部研发投资的水平较高时，内部研发投资和外部研发投资无论是通过研发联盟或研发购买都具有互补效应。然而，当内部研发的水平较低时，内部和外部研发策略是互相替代的。

（二）国内研究现状

理论研究方面，张小蒂、李风华（2001）论述了政府对技术创新领域进行干预的理论基础，认为政府应该顺应市场导向，运用象征性干预政策，将潜在优势转化为竞争优势，主要手段包括强化基础性干预、增加创新投入、激励创新动力。林毅夫、张鹏飞（2005）认为，除自主研发外，欠发达国家可以以低廉的成本从发达国家引进适宜的技术，从而实现更高的技术创新速度。李树培（2009）构建了一个博弈模型，考察跨国公司的技术垄断与国内企业的技术创新策略选择，研究发现，在跨国公司技术垄断策略的威胁下，由于技术后发比较优势的诱惑，并且政府支持不足，国内企业通常权衡国外技术引进与自主研发的成本与风险，则技术创新活动容易陷入比较优势陷阱。高良谋、李宇（2009）解释了企业规模与技术创新之间的倒 U 形关系，研究发现，由于组织惯性的影响，大企业被锁定在现有的技术轨道上，主要进行定向性的技术创新。而由于竞争性市场的影响，小企业则通常突破现有的技术范式，并进行非定向性的技术创新。由于组织变量与市场力量的共同影响，技术创新选择性作用导致企业规模与技术创新之间形成了倒 U 形的关系。刘小鲁（2011）在自主研发和技术引进两种基本的技术进步方式的基础上，进一步拓展了中间产品内生增长模型。研究发现，对后发国家来说，自主研发比重的提高促进了技术创新，而强化知识产权保护，则同时增强了对本国自主研发成果和外国专利的保护。知识产权保护与自主研发比重、技术增长率以及经济增长率呈倒 U 形的关系。傅晓霞、吴利学（2013）引入了同时包含国内技术开发和国外技术引进的知识生产函数，在此基础上，构建了基于后发经济实际状况的内生技术进步增长模型。研究发现，后发国家的技术创新路线，尤其是国内与国外成果的关系，影响其研发行为和投入结构。如果国内开发成果与国外引进成果之间的替代性越强，则技术赶超的动力就越强，技术进步率就会越快，技术差距也会越小，但对国外技术的依赖程度也会越高。上官绪明（2016）构建了一个包含技术溢出和吸收能力的内生化的技术进步模型，研究发现，技术溢出和吸收能力对我国省级技术进步具有显著的正向影响效应。相比 FDI，R&D 存量对由进口渠道溢出的技术吸收效应更显著，与此相反，人力资本则对 FDI 渠道溢出的技术吸收效应更为显著。

部分国内学者利用省际或行业面板数据对影响我国技术创新的因素进行了实证分析，代表性的研究有：蒋殿春、夏良科（2005）分析了 FDI 对我国高新技术产业技术创新的影响，研究发现，FDI 通过示范效应和科技人员的流动效应促进了国内企业的研发活动，但 FDI 的竞争效应抑制了国内企业的创新能力；由于国有企业和其他所有制企业的技术创新模式存在差异，各种所有制企业技术创新受 FDI 的影响也并不相同；对外商投资企业而言，国内企业的科技活动产生了"挤牙膏"效应，进一步激发其创新动力。李小平、朱钟棣（2006）分析了国际研发活动对我国工业行业技术进步增长、技术效率增长和全要素生产率增长的溢出效应，结论表明，通过国际贸易渠道的溢出效应，国际 R&D 显著促进了我国工业行业的技术进步、技术效率和全要素生产率的增长。郭国峰、温军伟（2007）等运用中国中部六省的面部数据进行实证分析，研究表明，人力资本是技术创新的源泉，制度创新能够极大优化科技资源配置，提高技术产出效率。科研机构和企业研发经费支出对区域科技进步具有显著的正向促进作用，大学研发经费支出反而具有明显的反作用。范承泽、胡一帆、郑红亮（2008）从理论上分析了 FDI 对一个发展中国家自主研发投入的补充和替代作用，并以世界银行对中国公司的数据为基础进行实证检验，研究发现，随着外商直接投资的增加，公司在研发方面的投入趋于减少；对于行业中外商投资较多的企业，行业层面的 FDI 则促进了其研发投入。总体而言，FDI 抑制了国内的研发投入。

刘小鲁（2011）运用中国省级面板数据分析了我国创新能力积累的主要影响因素，结果表明：自主研发、国外技术引进和外商直接投资均对我国创新能力的积累具有显著的正效应，其中，自主研发对创新能力的影响程度最高。文豪、张敬霞（2014）等利用27个行业的面板数据研究发现，随着技术复杂度的提高，自主创新和国际技术引入成为促进技术创新的主要途径，出口贸易的影响则逐渐减弱。当市场结构逐渐趋于集中，知识产权保护主要通过激励自主创新从而促进技术进步。程惠芳、陆嘉俊（2014）利用1997~2010年的行业面板数据研究发现，技术开发和技术改造投入显著地促进了企业的全要素生产率，国内外技术引进和消化吸收能力对企业创新的影响作用则逐渐趋于减弱。工业企业知识资本投入对全要素生产率的影响在东中西三大区域间存在明显的差异，对于技术水平不同的企业，知识资本的创新产出效应存在显著差异。刘思明、侯鹏（2015）利用省级大中型工业企业的面板数据研究表明，强化知识产权保护能够促进我国绝大多数地区工业创新能力的提升，知识产权保护通过激励企业自主研发、提高国外技术引进效果和促进FDI知识溢出等途径对技术创新产生正向作用。

二、技术创新、动态比较优势及产业国际竞争力

第二次世界大战后，许多学者对动态比较优势理论的发展做出了重要贡献。动态比较优势的来源主要有：要素积累、技术创新、规模经济与个人内生专业化等。其中，要素禀赋结构变化和技术水平变动是最为关键的两个因素。因此，主要沿着这两条思路对产业比较优势的变化进行研究，其中，针对要素禀赋变化的研究文献相对较少，主要是研究技术进步对比较优势的影响。而根据技术进步的来源又可以分为外生技术进步和内生技术进步。外生技术进步理论认为技术进步是由系统之外的因素决定的，而内生技术进步理论认为其是由经济系统内部的因素决定的。

（一）国外研究现状

1. 外生技术进步、动态比较优势与产业国际竞争力

英国古典经济学家斯密（Smith，1776）的绝对成本优势理论认为，自然资源禀赋和经济发展过程中积累的技术水平决定了生产率水平，而生产率水平又决定了商品生产成本，为充分利用其绝对有利的生产条件（即生产成本绝对低），每一个国家都进行专业化生产，然后彼此进行交换，即经济体间生产某种产品的劳动成本的绝对差异决定了国际贸易分工的格局。李嘉图（Ricardo，1817）在继承斯密劳动价值论的基础上提出了比较优势理论，他假定只有一种生产要素，即劳动力，国家间的要素禀赋是相同的，只有技术和偏好在国家间存在差异，生产技术的相对差别（而非绝对差别），以及由此导致的生产成本的相对差别是形成国际贸易的基础。按照"两利相权取其重，两弊相权取其轻"的原则，每个国家都专业化生产并出口其具有"比较优势"的产品，而进口其具有"比较劣势"的产品。

波斯纳（Posner，1961）提出的技术差距理论认为，各国间由于技术投资和革新的能力不同，从而存在一定的技术差距。技术领先国凭借开发新产品或工艺的能力，暂时享有出口高技术产品的优势。随着技术向模仿国的扩散转移，这种比较优势随之发生了动态变化。弗农（Vernon，1966）的产品生命周期理论认为，创新产品存在一个生命周期，在产品的创新、成熟和标准化的不同阶段，生产某产品所需要的技术会发生系统性改变，对于资源禀赋不同的国家，其贸易地位则会不断发生变化。新产品首先由创新国向其他国家出口，随着新产品的成熟和标准化，该产品的生产逐渐转向其他更具成本优势的国家。克鲁格曼（Krugman，1979）构建了一个动态贸易模型，北方国家从事技术创新，出口新产品，而南方国家

则模仿学习创新技术，当生产技术趋于标准化后，随着技术转移，南方国家逐渐掌握了该项创新技术，并开始运用该项技术生产和出口产品。

2. 内生技术进步、动态比较优势与产业国际竞争力

国际贸易理论都假定技术为既定或外生的。20 世纪 80 年代中期以后，基于内生技术进步的新增长理论得到了充分发展，在此基础上，内生增长理论和动态比较优势理论进行了有机结合。内生增长理论认为，技术进步主要来自三种途径：随产业内生产经验累计而产生的"干中学"效应、通过研究开发投入而产生的技术创新效应，以及来自国外的技术外溢效应。阿罗（Arrow，1962）提出了"干中学"效应，认为厂商通过生产经验的积累和行业范围内的技术外溢而提高了生产效率，技术进步是生产活动的副产品。克鲁格曼（Krugman，1987）、卢卡斯（Lucas，1988）和杨（Young，1991）在李嘉图模型的基础上，分别结合"干中学"效应对行业劳动生产率、人力资本积累和产业间技术外溢等因素的影响构建了动态比较优势的理论模型。雷丁（Redding，1999）把经由"干中学"的内生技术进步模型与李嘉图的国际贸易模型相结合，在此基础上研究发现，比较优势是内生的，过去的技术变迁决定了现在的比较优势，而它本身又决定了每一个产业部门或经济体中"干中学"和技术进步的速率。

技术进步的另一种方式是企业为追求垄断利润和市场地位而进行的研发投资。格罗斯曼和赫尔普曼（Grossman & Helpman，1989）扩展了标准的两国、两要素和两商品模型，构建了一个多国的产品创新和国际贸易的一般动态均衡模型，并引入了 R&D 行为，研究表明，当企业由利润流所驱动的 R&D 获得成功时，该国就能够在新产品上获得比较优势。格罗斯曼和赫尔普曼（1991）构建了一个水平型产品创新的南北贸易模型，对于北方厂商而言，当技术创新预期的垄断收益大于研发成本，则投入研发资源从事技术研发，同时，北方厂商研发的技术也面临被南方厂商模仿的风

险，南方厂商根据技术模仿的收益与成本相比较而决定其学习行为。模型结果表明，南北方国家的比较优势根据北方厂商创新和南方厂商模仿的速率而发生相应的动态变化。格罗斯曼和赫尔普曼（1991）同时也构建了一个垂直型产品创新的南北贸易模式，北方厂商从事创新提高了商品的质量，南方厂商则投入劳动进行模仿，创新企业或模仿企业以对方的边际成本进行定价，从而垄断整个市场，随着新一轮的创新和模仿活动，这种比较优势在国家之间不断变化。波特（Porter，1980）提出了著名的钻石模型理论，对产业竞争力的决定因素进行了系统的分析。他认为竞争优势形成的关键在于能否使主导产业具有优势，而竞争优势产业的建立则依赖于生产率的提高，企业的创新机制则是提高生产效率的重要源泉。

实证研究方面，斯特恩和马斯克斯（Stern & Maskus，1981）利用美国1958～1976年制造业部门的跨截面数据研究表明，技术对于美国制造业部门的贸易具有重要的影响。格林哈尔（Greenhalgh，1990）利用约30年分类工业贸易商品和服务的时间序列数据研究发现，创新促进贸易绩效，半数制造业和服务业从本行业或其他行业的创新中获益了。恩格尔布雷希特（Engelbrech，1991）运用1980～1981年澳大利亚制造业部门的数据探讨了研发密度和贸易绩效的关系，再次证实了澳大利亚在研发密集型制造业中的相对劣势，以及研发强度对净出口和出口强度影响的不对称性，尽管企业研发支出增长强劲，并且在20世纪80年代采取了许多旨在提高技术能力和增加非传统制成品出口的政策措施，研发密集的制造业部门存在显著的比较劣势，研发强度对出口强度具有正向的影响，当排除自然资源密集型的制造业部门，出口的估计方程才在统计上显著。韦克林（Wakelin，1998）对经济合作与发展组织（OECD）成员双边贸易的决定因素进行实证检验，发现相对创新和双边贸易绩效在总量水平上存在正向关系，相对创新的使用者，创新差异对创新生产者的贸易绩效有更大的影响。丰克和鲁韦德尔（Funke & Ruhwedel，2001）测度了出口多样化，并估计了 10 个东亚国家的混合出口方程，计量结果表明，生产高度差异化的产品产生了竞争优势。罗珀和拉乌（Roper & Love，2002）利用英国和德国制造业企业的可比数据研究发现，产品创新对两个国家的出口概率都有很强的正向影响。在英国，企业创新活动的规模与出口倾向正相关；但是在德国，企业创新活动的规模与出口绩效负相关。祝树金和傅晓岚（Shujin Zhu & Xiaolan Fu，2013）运用 1992～2006 年的跨国面板数据研究表明，资本深化、知识创造活动、经由教育和研发投资进行的转移、外商投资和进口均提升了国家的出口复杂度。

（二）国内研究现状

理论研究方面，李永（2003）在一般均衡理论框架下，建立了一个内生比较优势理论模型，在连续时间福利函数的假定下分析发现，通过产业政策的干预，发展中国家可以在高技术部门获得动态比较优势。侯经川、黄祖辉、钱文荣（2007）把创新活动划分为"效率改进型创新"和"产业垄断型创新"，创新活动影响比较优势的动态变化，进而对各方的经济竞争力产生影响。对于不同类型的创新活动，其影响也各不相同，"效率改进型创新"具有经济竞争力提升效应，不管是"顺势创新"，还是导致比较优势逆转的"逆势创新"，相比不从事创新的一方，创新方总是获得更多的收益。在"产业垄断型创新"中，无论"创造产业垄断的创新"，还是"打破产业垄断的创新"，均具有突变性的经济竞争力提升效应。芮明杰（2004）在钻石模型中加入了一个核心要素，即知识吸收与创新能力，提出了以知识吸收和创新能力为核心的钻石模型。该模型强调知识吸收和创新能力在产业竞争力培育中的核心作用。

国内研究主要偏重于实证检验方面，针对技术创新对出口规模竞争力影响的主要研究有，赖明勇、王建华、吴献金（1999）利用 1985～1995 年行业时间序列的数据分析表明，技术创新总体上促进了所有行业的出口竞争力，对于不同的行业，技术创新对出口竞争力的影响存在差异，在新兴的技术密集型行业其影响更大。企业创新投入比政府投入对出口竞争力的影响更大。陈继勇、胡艺（2006）计算了美国商品贸易的显示性比较优势指数，由上述指标分析得出，美国具有竞争力的行业都是创新水平较高的行业，并实证检验了技术创新对贸易竞争力的影响。封伟毅、李建华、赵树宽（2012）运用 1995～2010 年高新技术产业的数据研究发现，相对于技术转化能力，技术开发能力对高技术产业竞争力的影响更大，技术创新能力对高技术产业竞争力的影响方向受创新环境的间接调节影响。何郁冰、曾益（2013）以中国制造业 2000～2010 年的面板数据实证检验表明，自主创新是提升产业国际竞争力的基础，相比而言，开放程度越高的产业，自主研发投入对产业竞争力的影响越明显。开放式创新是提升产业国际竞争力的重要路径，但需要平衡开放程度与自主程度二者之间的关系。相比纯粹的自主创新或开放创新，开放式自主创新对提高中国产业国际竞争力的贡献更大。

针对技术创新对出口商品质量影响的主要研究有：戴翔、金碚（2014）利用跨国数据研究发现，制度质量的完善对于提升出口技术复杂度具有显著的正向影响，融入产品内国际分工程度及其与制度变量的交互作用对出口技术复杂度也同样具有显著的促进作用。洪世勤、刘厚俊（2015）研究发现，内部知识变量在出口结构升级中的作用得到强化，FDI 对出口产业升级的影响存在行业异质性。劳动密集型产业的资本深化对出口技术水平具有稳健的提升作用。郑展鹏和王洋东（2017）利用省域面板数据研究发现，进口贸易和人力资本对我国各区域出口复杂度具有显著正向影响，而外商直接投资对我国出口复杂度并未表现出显著的溢出效应。王正新、朱洪涛（2017）运用省级面板数据实证检验表明，创新效率对出口复杂度的提升效应明显；贸易开放度作为转换变量时，创新效率影响高技术产业出口复杂度的程度显著高于金融发展水平作为转换变量时的结果。毛其淋、方森辉（2018）研究发现，企业研发显著促进了企业出口复杂度的提升，并且地区知识产权保护强化了企业研发对出口技术复杂度的提升作用。异质性分析发现，过度的企业研发会削弱其提升作用；一般贸易企业和混合贸易企业的研发有助于提升其出口复杂度；本土企业研发对其出口复杂度的提升作用弱于外资企业，且国有企业属性进一步降低了该提升作用。

与上述研究相比，本书以我国制造业为研究对象，在以下方面进行了新的探讨：（1）从创新投入和产出两个角度考察制造业各行业技术创新的现状及其特点，并从出口规模和出口质量两个维度测度我国制造业的国际竞争力。（2）结合我国技术演进的实际状况，在知识生产函数的基础上，分析知识产权保护、国外技术引进等要素对我国制造业技术创新绩效的影响。（3）以创新产出指标衡量技术创新，从出口规模和出口质量两个维度分析其对我国制造业国际竞争力的影响、产业异质性及其作用机制。最后在上述研究结论的基础上提出相应的政策建议。

第三节　研 究 思 路

第一章首先介绍选题背景及研究意义，在梳理国内外研究文献的基础上，提出研究思路，并选择合适的研究方法。

第二章首先对技术创新与技术进步、比较优势与竞争优势等相近概念进行理论辨析。在此基础上，重点梳理技术创新、动态比较优势及产业国际竞争力研究的相关文献，并对技术创新与产业国际竞争力的相关测度指标进行比较分析。

第三章首先对我国技术创新总体状况进行国际横向比较和纵向历史比较，在此基础上，对制造业部门内部各行业技术创新状况进行比较分析。其次，对我国制造业部门及按要素密集度划分的三大产业的出口变动情况进行描述统计。最后运用显示性比较优势指数（RCA）、显示性竞争优势指数（CA）和出口技术复杂度指数（Hausman）、出口复杂度指数（Tacchella）等指标，从出口规模和出口质量两个维度对我国制造业国际竞争力、变化趋势及产业异质性进行描述统计。

第四章在借鉴知识生产函数的基础上，运用系统 GMM 方法对我国制造业技术创新的影响因素进行分析，着重分析行业知识产权保护强度对我国制造业技术创新的直接和间接影响机制，及以技术引进费用支出衡量的国外技术引进对我国制造业技术创新的非线性影响及其门槛效应。

第五章在多恩布什、费希尔和萨缪尔森（Dornbush，Fisher & Samuelson）建立的商品连续统李嘉图模型和克鲁格曼建立的生产经验累计指数的基础上，分析技术创新对以出口规模衡量的产生国际竞争力的影响机制，并实证检验不同质量层次的创新成果对我国制造业国际竞争力的影响、产业异质性及其作用机制。

第六章基于创新价值链理论，着重检验技术开发环节的创新产出对我国制造业出口技术复杂度的影响，以及知识产权保护强度和技术成果转化效率的调节效应。考虑到产业间出口复杂度的显著差异，进一步分析创新产出对处于不同出口技术复杂度水平的行业的影响差异及其产业异质性。

第七章在上述分析的基础上总结全文，提出促进我国制造业部门技术创新绩效和提升产业国际竞争力的政策建议，指出研究不足和进一步的研究方向。

第四节　研　究　方　法

本书在理论分析部分和实证分析部分分别采用了不同的研究方法，研究所用具体方法如下：

理论分析部分。针对我国制造业技术创新的影响因素，在知识生产函数的基础上，采用文献分析和逻辑推演的方式，针对知识产权保护、国外技术引进对我国制造业技术创新的作用机制进行理论分析，并提出相应的理论假说。针对技术创新与我国制造业国际竞争力的关系，从出口规模和出口质量两个维度，借鉴已有的数理分析模型，并根据本书分析需要对其进行改造和数理推演，为下文的计量分析提供理论基础。

实证分析部分。分别选择显示性比较优势指数、显示性竞争优势指数、出口技术复杂度（Hausman）和出口复杂度（Tacchella）等指标，从出口规模和出口质量两个维度对我国制造业的国际竞争力进行客观测度。考虑到技术创新存在动态累积效应，在第四章知识产权保护、国外技术引进与我国制造业技术创新中，将计量模型设定为动态面板形式，并采用两步系统 GMM 方法进行参数估计。在制造业技术创新与以出口规模衡量的产业国际竞争力的分析中，考虑到可能存在的内生性问题，分别使用静态面板和面板工具变量方法进行参数估计，并使用不同的被解释变量进行稳健性检验。在制造业技术创新产出与出口技术复杂度的分析中，考虑到可能存在的内生性问题及不同行业间出口技术复杂度的巨大差异，分别采用静态面板、面板工具变量法和面板分位数回归模型进行参数估计。

第五节 主要创新点

第一，综合运用显示性竞争优势指数（CA）、显示性比较优势指数（RCA）从出口规模角度分析我国制造业国际竞争力及其动态变动轨迹，同时运用豪斯曼的出口技术复杂度指数和塔凯拉（Tacchella）的出口复杂度指数从出口质量角度测算我国制造业国际竞争力及其动态演变趋势，进一步结合出口规模和出口质量两个维度分析比较我国制造业的国际竞争力及其在全球价值链上的地位。

第二，在知识生产函数的基础上，着重探讨行业知识产权保护对技术创新的直接和间接影响机制，以及国外技术引进对我国制造业技术创新的非线性影响。在此基础上，运用我国制造业行业层面的数据实证考察行业知识产权保护、国外技术引进对我国制造业技术创新的影响。此外考察知识生产要素投入等有意识研发投资以及产业组织因素对我国制造业技术创新的影响，丰富了对于后发国家制造业技术创新影响因素的认识。

第三，本书结合后发经济体技术创新的实际，引入同时包含国内技术研发和国外技术引进的生产率函数，从出口规模角度分析技术创新对我国制造业国际竞争力的影响机制。在此基础上，分别用专利申请量及不同质量层次的创新产出来衡量技术创新，并分析其对以显示性竞争优势指数和显示性比较优势指数衡量的产业国际竞争力的影响及其产业异质性，并实证检验了技术创新影响我国制造业国际竞争力的成本费用下降机制和产品差异化机制。

第四，基于创新价值链理论，在技术成果转化环节中，着重分析以专利申请量衡量的创新产出对我国制造业出口技术复杂度的影响，以及知识产权保护强度和技术成果转化效率的调节效应，并运用静态面板估计法、面板工具变量法和面板分位数回归方法，分析创新产出对我国制造业中处于不同出口技术复杂度水平的行业的影响及其产业异质性。

第二章

概念界定、理论基础
及度量指标

第一节　概念界定与辨析

一、技术进步与技术创新

1977 年，世界知识产权组织（WIPO）将技术定义为："制造一种产品的系统知识。"技术进步则包括两层含义，广义上指产出增长中扣除常规要素（资本、劳动）投入增长的贡献后，所有其他剩余因素的贡献之和，也称为全要素生产率（TFP），全要素生产率的提高就意味着技术进步。丹尼森（Denison，1962）认为：以下几类因素导致了全要素生产率的提高："资源配置效率的改善、生产要素质量的提高、知识的增进、递增的规模经济报酬、制度的完善和管理水平的提高。其中，政府制度和管理水平是软因素，但对全要素生产率的提高具有十分重要的作用"。① 狭义上的技术进步则指一定时期内社会经济主体所生产的产品或生产工艺的变化。另外，按技术进步的程度来看，又可进一步划分为技术进步与技术革命两种形式，技术进步是一种在原有技术基础体系上的渐进的增量式的变动，而技术革命则是一种彻底的颠覆式的变革，是对原有技术体系的扬弃。在开放型的世界经济体系中，后发国家可以通过三种途径来实现技术

---

① Edward F. Denison. United States Economic Growth ［J］. The Journal of Business，1961，35（2）：109 – 121.

进步：技术创新、技术扩散和技术引进，即除了经济体自身进行自主研发外，还可以通过接受技术先进国的技术扩散或者直接通过技术引进的方式实现技术进步。

关于技术创新的含义，不同的学者分别对其进行定义，代表性的观点主要有：曼斯菲尔德（1980）认为：“技术创新指每一次引进一个新产品或新过程所包含的技术、设计、生产、财务、管理和市场诸步骤”。[①] 缪塞尔（Mueser，1985）则定义为：“技术创新是以其构思新颖性和成功实现为特征的有意义的非连续性事件。”在《技术创新经济学》一书中，柳卸林（1992）将技术创新界定为：“与新产品的制造、新工艺过程或设备的首次商业应用有关的技术的、设计的、制造及商业的活动，它包括过程创新、产品创新和扩散。过程创新，也叫工艺创新，指产品生产技术的重大变革，它包括新的工艺流程、新的机器设备以及新的管理和组织方法；产品创新指技术上有变化的产品的商业化；扩散则指创新通过市场或非市场渠道的传播”。

从技术进步与技术创新的概念内涵来看，二者既有重叠又有区别。技术进步的内涵更为丰富，技术创新的内涵则相对狭窄。如技术引进是技术进步的方式之一，但技术引进本身并不属于技术创新。技术创新只是实现技术进步的一种途径，技术进步不仅包括技术创新，还包括技术的扩散等。技术创新则是实现技术进步的根本源泉，技术进步是以往各种创新积淀的表现和反映。

---

① Mueser, Roland. Identifying Technical Innovations [J]. IEEE Transactions on Engineering Management, 1985, 32（4）: 158 – 176.

二、比较优势与竞争优势

大卫·李嘉图在继承传统劳动价值理论的基础上，对亚当·斯密的绝对优势理论进行了发展，提出了比较优势的概念，认为国际间劳动生产率的不同是国际贸易的唯一决定因素。他把比较优势定义为，如果一个国家在本国生产一种产品的机会成本（用其他产品来衡量）低于在其他国家生产该种产品的机会成本，则称这个国家在该种产品的生产上拥有比较优势。李嘉图认为，比较优势主要源于既定条件下生产技术的相对差别，进而由此决定的相对劳动生产率以及产品生产成本和价格上的相对差别。后来的要素禀赋理论、产品生命周期理论等进一步拓展了比较优势的范畴，比较优势不仅取决于相对劳动生产率、自然资源禀赋、人力资本，还包括研究与开发及信息、规模经济、需求变动及外贸政策等因素。

美国经济学家迈克尔·波特于 20 世纪 80 年代提出了竞争优势的概念，他认为一国的贸易优势并不像传统的国际贸易理论宣称的那样简单地决定于一国的自然资源、劳动力、利率、汇率等因素。竞争优势形成的关键在于能否使主导产业具有优势，优势产业的建立则依赖于生产率的提高，而创新机制则是提高生产效率的重要源泉。竞争优势是一个国家在世界市场上实际显现的优势，表现为其开拓市场的能力。国际竞争优势模型（又称钻石模型）包括四种本国的决定因素和两种外部力量因素。四种本国的决定因素包括生产要素条件、市场需求条件、相关及支持产业、公司的战略、组织以及竞争，两种外部力量因素分别为随机事件和政府。

比较优势与竞争优势既有区别，又存在密切的联系。其区别如下：

（1）比较优势理论基于劳动价值论，假设既定条件下生产技术的相对差别，进而由此决定的相对劳动生产率差异，以及产品生产成本和价格的相对差别决定了国家间的贸易格局。竞争优势理论则从多种影响因素的角度来分析生产率的差别，以及由此决定的产业竞争优势差别来解释贸易分工的基础。（2）比较优势理论是从静态的、特定要素的角度来解释贸易分工，认为决定贸易基础的因素是有限的，并且是既定的；而竞争优势理论则是从动态的、多个因素的角度来解释贸易的基础，认为决定贸易分工的因素是动态变化的，可以升级和创造出来，重点考察"技术进步"和"创新"。（3）在政府所扮演的角色上，比较优势理论认为政府不应干预经济，应当充当好"守夜人"的角色。而竞争优势理论在继承传统国际贸易理论的基础上，认为政府应该为生产率的提升创造一个良好的环境。（4）在经济全球化的时代背景下，竞争优势理论特别强调国家制度环境的重要性。

比较优势与竞争优势存在密切的联系，首先，比较优势与竞争优势本质上都是生产力在国际间的比较。其次，比较优势是形成竞争优势的必要条件和内在要素。任何具有竞争优势的产业或产品都必然具有比较优势，但是具有比较优势的产业或产品则并不一定具有竞争优势。与比较优势的决定因素相比，竞争优势的决定因素更加广泛全面，更为多元化，强调高级生产要素的作用，并且考虑了时间因素的影响，是从多维、动态的角度来考察竞争优势。从某种程度上说，竞争优势就是广义的、动态的比较优势。比较优势是形成国家或产业竞争优势的必要条件，是一种潜在的优势，并不必然转化为现实的贸易形式，其转化必须满足一定的条件。如良好的基础设施、高素质的人力资源、技术创新能力、相关支持产业和市场竞争环境等。在比较优势向竞争优势的转化中，高素质的人力资源储备和技术创新能力等因素发挥着至关重要的作用。

第二节 理论基础

一、技术创新理论与后发国家的技术追赶

（一）技术创新理论

在《经济发展理论》一书中，熊彼特（1912）首次提出了创新的概念，并认为推动资本主义经济实现持续增长的并非资本和劳动力等传统生产要素投入，技术创新才是其主要源泉。熊彼特将创新定义为，把一种从来没有过的关于生产要素和生产条件的"新组合"引入生产体系。并先后提出了企业家创新模型和大企业创新模型（如图 2 - 1 和图 2 - 2 所示），但他并没有专门对技术创新进行深入的研究。

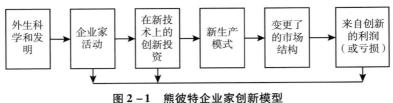

图 2 - 1 熊彼特企业家创新模型

在图 2 - 1 所阐述的创新模型中，熊彼特尤其强调企业家的作用，并把科学技术看成是外生的经济变量，在外生的科学和发明出现后，

一群具有冒险精神的企业家意识到了这些发明的未来潜能，并对这些创新进行投资，一旦做出一些根本性的创新，便会导致市场结构发生改变，即获得技术垄断优势，从而独占性地享有来自创新的利润。但是该模型并没有研究技术创新的过程，而是把技术创新过程视为一个黑箱。

1947 年，熊彼特在《资本主义、社会主义与民主》一书中提出了一个新的技术创新模型，与上述模型不同，在该书中他把技术创新看作是由经济系统内生的，即技术创新源自企业内部的研发活动，技术创新使企业获得垄断地位，从而实现超额利润。大量模仿者的加入则削弱了垄断者的力量，如图 2 - 2 所示。

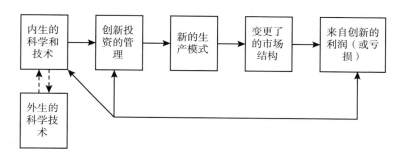

图 2 - 2　熊彼特大企业创新模型

虽然熊彼特的创新理论最初并没有得到主流经济学的认可，但随着美国经济的快速发展，已不能用传统的资本、劳动力等生产要素投入从理论上来解释经济增长，创新理论逐渐迎来复兴。1957 年，索洛在《技术进步与总生产函数》一文中提出了测度经济增长中技术进步贡献的方法，即全要素生产率或称为索洛余值，为技术创新的量化研究提供了理论铺垫。全要素生产率由经济增长率中扣除资本和劳动贡献外的剩余部分来表示，即广义的技术进步。格瑞里茨（Griliches，1979）提出了知识生产函数的概念，他把创新过程的产出看作研发资本投入的函数。杰菲（Jaffe，1989）将知识生产函数进行了改进，其形式如下：

$$Y = A(RD)^{\alpha}H^{\beta} \qquad\qquad (2-1)$$

其中，Y 表示创新产出，RD 表示 R&D 经费支出，H 表示研发人员投入，α 和 β 分别表示研发经费投入和研发人力资源投入的产出弹性系数，A 表示全要素生产率。这一理论试图打开技术创新过程的黑箱，并借鉴主流经济学的研究范式和研究方法，进一步深入地探讨技术创新的源泉，并逐步实现与现代主流经济学的理论融合。

（二）后发国家的技术追赶理论

后发国家由于自身科学基础薄弱、物质资本稀缺和人力资本积累水平较低，其经济和科技水平均落后于发达国家，因此，后发国家与发达国家的技术演进路径存在明显差异。发达国家的技术演进路径如下：突破性的创新和新技术的波动期、主导产品技术的出现和技术的转换期、主导技术内部的渐进性创新过程和主导技术的稳定期。即发达国家的技术演进是一种创造性学习的过程，主要通过自主研发来推动技术进步，遵循熊彼特式的"发明—创造—扩散"过程，从创新理念的形成到新产品的设计再到标准化阶段，从追求产品质量和功能差异化的产品创新再到降低生产成本的工艺创新。

由于发展中国家的经济和科技水平均落后于发达国家，与发达国家存在一定的技术差距，但是源于知识的非排他性和非竞争性特征，存在知识溢出效应，知识、技术可以在国际间进行转移和扩散，因此，后发国家可以通过引进发达国家的先进技术，并加以消化吸收和模仿创新。首先，由于消化吸收的费用支出相比发明创新所用的费用和时间要少很多，因此，通过引进、消化吸收可以节约费用和时间。其次，由于一项技术是从低级阶段向高级阶段逐步发展的，发展中国家通过直接引进国外最先进的技术，可以有效减少部分中间技术环节，从而以较快的速度实现技术进步，进而缩小与发达国家的技术差距，即存在技术后发优势。发展中国家的技术演进轨迹与上述发达国家的技术演进过程相反，表现为一个经济技术追赶的过程。

金（Kim，1997）提出了发展中国家逆向技术发展的三阶段学习模式，即先进生产技术的引进、对于引进技术的吸收、消化吸收基础上的模仿创新。在工业化初期，发展中国家通常直接引进发达国家的创新技术和成套的机器设备并用于生产，生产出标准化的产品；后来，随着全球化进程的加剧和跨国公司的迅速发展，为充分利用后发国家的资源禀赋优势，并绕开贸易壁垒开拓其广大的国内市场，大量外商直接投资纷纷涌入发展中国家，外商直接投资通过技术溢出效应、竞争效应和人员流动效应推动了后发国家的技术进步。随着国际型生产外包和产业内分工的发展，广大发展中国家通过引进国外技术、并通过技术吸收模仿逐渐培育出创新能力。在通过逆向化工程对引进技术进行分解研究，掌握成熟技术的基础上，从最初为降低生产成本进行的工艺改进，再到培育出对产品的品质和性能进行改进的能力，最终为获取市场垄断利润，培育出独立提出新产品设计理念，并进行产品创新，生产出各具特色的产品的能力。由此可见，发展中国家的技术演进是一个"技术吸收—扩散—再创新"的逆向过程。发达国家和发展中国家的技术演进过程如图2-3所示。

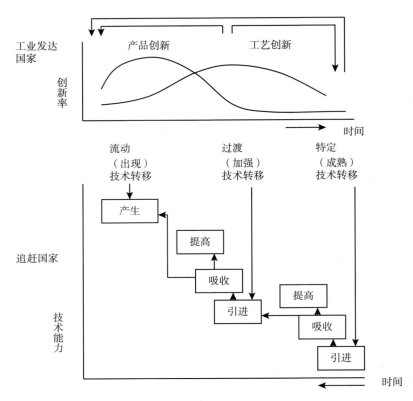

图 2 - 3　发达国家与后发国家的技术演进轨迹

二、技术创新与国际贸易的理论联系

（一）传统比较优势理论

1. 单一要素比较优势理论

绝对优势理论认为，国家之间贸易的基础在于生产率或生产成本的绝对差异，而这种绝对差异来源于国家间自然条件、资本积累或技术进步方面的差异，生产率差异导致了生产成本和产品价格的差异，从而决定国家间的贸易分工，各国按照生产率或产品价格的绝对差异进行国际分工。然而绝对优势理论无法解释当一个国家在各种商品生产上均处于绝对劣势或绝对优势时，该国如何参与国际分工与贸易的问题。在斯密绝对优势理论的基础上，古典学派的代表人物大卫·李嘉图（1817）于其代表作《政治经济学及其赋税原理》一书中首次提出了比较优势理论模型，以各国商品生产上劳动生产率或机会成本的相对差异来解释国际间的贸易分工，该理论成为国际贸易的基础理论。

该模型假设只有本国和外国两个国家，两个国家都只有一种生产要素投入，即劳动力，劳动力可以在一个国家内各部门间自由流动，但不能在国际间流动。两国的劳动总供给分别记为 L 和 L^*（ * 表示外国），总劳动用于生产产品 1 和产品 2 两种产品。记每一种产品的产出为 Q_j，（$j = 1$，2），A_j 和 A_j^* 分别表示第 j 种产品的国内生产率和国外生产率，即单位劳动投入的产出。假设本国和外国都具有规模报酬不变的生产函数，则两种产品的产出分别为：

$$Q_1 = A_1 L_1, \quad Q_2 = A_2 L_2$$
$$Q_1^* = A_1^* L_1^*, \quad Q_2^* = A_2^* L_2^* \tag{2-2}$$

充分就业时：

$$L = L_1 + L_2, \quad L^* = L_1^* + L_2^* \tag{2-3}$$

假设本国在产品 1 的生产上具有比较优势，意味着本国相对于外国在产品 1 的生产上生产率更高，则外国在产品 2 的生产上相对于本国生产率更高，可表示为如下形式：

$$\frac{A_1}{A_2} > \frac{A_1^*}{A_2^*} \Leftrightarrow \frac{A_2}{A_1} < \frac{A_2^*}{A_1^*} \tag{2-4}$$

比较优势指一个行业的劳动生产率相对于另一个行业的劳动生产率，

而非绝对劳动生产率。即使某国两个行业生产率都具有绝对优势，如 $A_1 > A_1^*$，$A_2 > A_2^*$，但只有一个行业具有相对优势。两国按照"两利相权取其重，两害相权取其轻"的原则进行专业化分工贸易。

假设两个国家具有相同的柯布—道格拉斯效用函数：

$$U(D_1, D_2) = D_1^\mu D_2^{1-\mu}, \quad U(D_1^*, D_2^*) = D_1^{*\mu} D_2^{*(1-\mu)} \qquad (2-5)$$

式（2-5）中，D_1，D_2 分别代表产品1、产品2的消费量，* 代表相应的国外消费量，$\mu > 0.5$ 是偏好参数。

假设 $\mu > 0.5$，$\dfrac{A_1}{A_2} > \dfrac{A_1^*}{A_2^*}$，意味着本国将其劳动力全部用于专业化生产产品1，而根据外国是否进行专业化生产，均衡时存在以下两种情况：

第一，完全专业化生产，即本国将其劳动力全部用于专业化生产产品1，而外国将其劳动力用于专业化生产产品2。

第二，部分专业化生产，即本国将其劳动力全部用于专业化生产产品1，而外国将其劳动分别用于两种产品的生产。

在上述两种情况下，本国出口产品1，而外国出口产品2。比较优势理论表明：各个国家都应参与国际分工，通过自由贸易，专业化生产并出口本国劳动生产率相对较高或具有比较优势的产品，并进口本国劳动生产率相对较低或具有比较劣势的产品，以此通过国际间的自由贸易获得国际分工的利益。

2. 要素禀赋理论

赫克歇尔—俄林（H—O）模型认为，假定不同国家生产同一种产品的技术相同，因而生产率相同，国家间自然要素禀赋的差异决定了各自的比较优势和贸易格局。由于自然条件或历史演进轨迹的不同，各国间要素丰裕度不同，有的国家劳动密集，有的国家资本密集。由于产品生产中的要素密集度（生产要素投入比例）不同，各国应大量出口由其相对丰裕的生产要素所生产的产品，而进口其所稀缺的生产要素所生产的产品。

3. 规模经济理论

在各国的偏好、要素禀赋和技术都相似的情况下，随着行业内贸易在国际贸易中所占份额逐渐增加，上述贸易理论无法对此现象做出很好的解释。克鲁格曼（1980）在规模报酬递增和不完全竞争市场结构理论的基础上提出了规模经济理论，以此解释行业内贸易产生的原因。国际贸易能够突破狭小的国内市场限制，形成一体化的世界市场，从而扩大产品的市场规模。不同国家可以利用规模经济专业化生产有限种类的产品，并同其他国家生产的差异化产品进行贸易。由此，既能实现生产中的规模经济效应，获得比较优势，同时也增加了世界总体的商品种类，满足了消费者的多元化需求，从而使参与贸易的各个国家都能从中获益。

（二）技术差距理论

比较优势理论假设经济体的技术水平为既定的，既定的技术水平决定了国家间劳动生产率的差异，进而决定了生产成本和产品价格的差异，并由此决定了国际贸易的基础。而要素禀赋理论则假定各国使用相同的技术，生产要素禀赋的差异导致国际间的贸易分工。波斯纳（Posner, 1961）提出了国际贸易的技术差距理论。他把技术看作一种相对独立的生产要素，由于国家间技术创新和技术进步的非均衡性，技术差距和技术变动改变了国家之间的要素禀赋比例和比较优势，导致国家间贸易分工模式的变化。具体如图2-4所示。

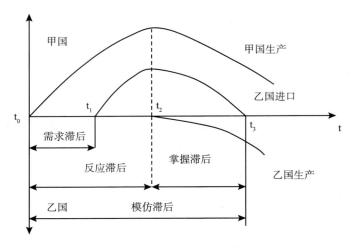

图 2 - 4　技术差距与国际贸易

假设有两个国家，即甲国和乙国，甲国从事技术创新活动，乙国并未进行技术创新，而是对甲国的技术创新成果进行模仿。甲国在 t_0 时刻完成技术创新并开始用该项技术生产新产品，甲、乙两国之间产生了技术差距，至 t_1 时刻，乙国开始对甲国生产的创新产品产生需求，甲国出口该产品至乙国，随着产品出口，该项技术逐渐流向乙国，$t_0 - t_1$ 为"需求滞后"阶段，乙国对新产品需求滞后时间的长短受本国居民收入和市场容量的影响。至 t_2 时刻，乙国掌握了甲国的创新技术，并开始用该技术生产新产品，开始减少对甲国的进口，$t_0 - t_2$ 为"反应滞后"阶段，反应滞后时间长短受该国企业家创新精神、风险意识以及规模效益、需求弹性和市场容量等因素的影响。至 t_3 时刻，技术差距消失，乙国开始规模化生产，停止从甲国进口该产品并开始出口，$t_2 - t_3$ 为"掌握滞后"阶段。创新技术掌握滞后时间的长短取决于乙国企业引进该项技术、并进行有效消化和吸收的能力。

（三）产品生命周期理论

技术差距理论描述了国家间技术差距产生与消失的整个过程，以及由此引起的贸易格局的变化，但无法说明贸易结构的改变。美国经济学家弗农（1961）提出了产品生命周期理论，分析产品技术的变化及其对国际贸易的影响，强调产品生命周期不同阶段要素需求的变化。

该理论认为，凡是工业制成品都有一个生命周期，大致可分为新生期、成熟期和衰退期三个阶段。在新生期，需要大量的研发经费和研发人员投入，该产品作为一种科技知识密集型产品，还处于探索阶段，只有少数发达国家拥有研发资源优势，并致力于新产品的研发生产，拥有技术上的优势，并开始向国内外出售这种新产品。随着时间的推移，其他工业化国家对进口产品进行逆向化工程，并通过进口产品的技术外溢效应，逐渐掌握了该项产品的生产技术，开始生产该项产品，技术创新国的出口开始下降。当该项技术逐渐趋于成熟，进入产品的成熟期，该项技术实现了标准化，生产该产品的机器中包含了该项技术，生产该新产品的机器价格也趋于降低，发展中国家开始进口机器并直接进行生产。此时，在该项产品的生产中，技术和资本的重要性逐渐降低，需要密集使用劳动力，劳动资源丰富的发展中国家由于工资成本较低，具有成本比较优势。于是，发明国既丧失了技术上的优势，也丧失了资源禀赋上的优势，由最初的出口国变为该项产品的进口国。这个过程也可以进一步细分为以下五个阶段：新生期—成长期—成熟期—销售下降期—让与期。

（四）动态比较优势理论

雷丁（1999）认为，"动态比较优势是指一国在将来某个时点上可获得的比较优势，即未来某个时点上会实现的静态比较优势。既可以将其看为一种结果，也可以将其视为获得未来比较优势的动态变化过程，主要包括构成比较优势的生产要素构成、要素结构比例、要素密集度的动态变化。在《动态比较优势和贸易的福利效应》一文中，雷丁认为，比较优势是由过去的技术变迁内生决定的，并同时形塑了当前的创新率。

动态比较优势理论建立在传统的比较优势理论基础之上，涉及"要素丰裕度"和"要素密集度"两个概念。一国比较优势的形成包括自然资源、劳动力、资本和技术等初始物质禀赋要素，这些要素按赖以生成的基础又可进一步分为基本要素和高级要素。基本要素指一国先天拥有的或以较低成本就能得到的要素，如土地、矿产资源等。而高级要素则需要通过长期的投资和培育才能创造出来，如熟练劳动力、通信和基础设施等。基本要素是一国生产力提高的基础，但随着经济全球化和科学技术的发展，一国经济发展逐渐摆脱了对基本要素的依赖，而作为高级要素的资本、技术对一国竞争优势的贡献则越来越大。在构成动态比较优势的诸要素中，最为核心的要素是技术，而自然资源和资本则是构成动态比较优势的基础，劳动力则是技术赖以发挥作用的中介。

动态比较优势形成的途径主要有两个，即"干中学"和创新。（1）"干中学"与动态比较优势形成。在《干中学的经济含义》一文中，阿罗（Arrow，1962）第一次提出了"干中学"效应，认为技术进步是人们不断从其环境中学习的结果，经验累积的过程便是一个学习的过程，落后国家和行业不断通过生产经验的累积获得先进技术，部门内的"干中学"过程则不断强化了原有的比较优势。在"干中学"的过程中，通过人力资本的积累、外部规模经济效应和学习效应而实现比较优势的动态变化。但"干中学"效应源自于先进国家的知识溢出，其效应是短暂的，后进国家很难实现技术的领先。（2）创新与动态比较优势形成。罗默（Rommer，1989）首次提出了内生增长理论模型，认为由于市场激励，有意识的研发和创新活动带来了技术进步，在内生的技术进步基础上，发达国家不断获得了动态的比较优势，从而实现了持续的经济增长，技术的变化导致比较优势地位的动态变化。

（五）产业国际竞争力理论

国家竞争优势理论逐渐演变形成了产业国际竞争力概念，波特（1990）第一次从产业层次研究国家竞争力，把产业国际竞争力定义为，一国在某一产业的国际竞争力是一个国家能否创造一个良好的商业环境，使该国企业获得竞争优势的能力。金碚则是国内第一个从事产业国际竞争力研究的学者，他将产业国际竞争力定义为，在国际自由贸易条件下，一国特定产业以相对于他国的更高生产力，向国际市场提供符合消费者（包括生产性消费者）或购买者需求的更多产品，并持续获得盈利的能力。

波特对产业竞争力的决定因素进行了系统的分析，提出了著名的钻石模型理论（见图2－5）。该模型中包括四个关键要素，即生产要素、需求条件、相关和支持性产业以及企业的战略、结构和竞争；两个辅助要素，即政府政策和机会，这六个要素彼此相互作用。（1）生产要素，指一国在

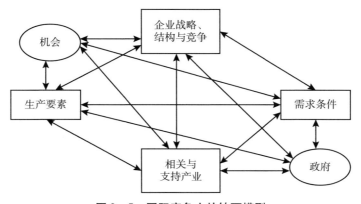

图2－5 国际竞争力的钻石模型

特定产业中有关生产方面的要素禀赋，对于一国产业的国际竞争力而言，生产要素尤其是高级生产要素具有非常重要的作用。生产要素可进一步分为初级生产要素和高级生产要素，初级生产要素指一国先天获得或以较低成本就可以得到的要素，如土地、矿产资源、气候和非熟练劳动力等；而高级生产要素则需要通过长期投资和培育才能创造出来。如高素质的人力资源、优质的基础设施等。随着世界产业结构升级，初级生产要素的重要性日益下降，而高级生产要素的获得和培育对于产业竞争力提升的重要性日益突出。（2）需求条件，指本国市场对该项产业所提供的产品或服务的需求。市场规模通过规模经济效应影响产业生产效率，而市场结构、成长性等市场特质也会影响产业的竞争力。（3）相关和支持产业，支持产业指为特定产业提供原材料、零部件等的上游产业，相关产业则指因共同使用某些共用技术，或通过共同分享营销渠道等方式而联系在一起的产业。相关和支持产业通过产业间的前向和后向关联效应和研发的溢出效应而影响其产业竞争力。（4）企业战略、结构与竞争，指企业在一个国家的基础、组织和管理形态以及国内市场竞争对手的表现。产业内的竞争程度和企业战略对产业内的企业形成了压力，促使其提高竞争力。

政府和机会两个外生变量通过作用于上述四个关键要素而间接影响产业国际竞争力。竞争优势理论虽然继承了传统国际贸易理论中政府不应干预经济的思想，但认为政府应为生产率的提高创造一个良好的环境，如通过在市场规则、资本市场、税收补贴等方面的政策条例直接或间接影响企业和产业的竞争优势。机会则指那些超出企业控制范围的突发事件，如重大的技术革新等。机会一旦出现也会对产业国际竞争力产生重要的影响。

虽然波特的钻石模型对影响产业国际竞争力的因素做了系统的分析，但随着跨国公司和国际分工的兴起，全球经济贸易往来的很多因素对产业国际竞争力也产生了重要的影响。许多学者对钻石模型进行评述并做了进一步的拓展。其代表性的观点有：范·普洛伊詹（Van Prooijen，1992）认为钻石理论忽略了文化层面的因素；鲁格曼和韦贝克（Rugman & Verbeke，1993）认为其偏向于单一国家的讨论；范登博斯和德曼（Van Den Bosch & DeMand，1993）认为钻石模型对发展中国家的解释力不足；芮明杰（2004）在钻石模型中加入了一个核心要素，即知识吸收与创新能力，提出了以知识吸收和创新能力为核心的钻石模型。该模型强调知识吸收和创新能力在产业竞争力培育中的核心作用，主张通过各种政策激励企业培育自主创新能力，以此增强产业的竞争力，如图 2 - 6 所示。

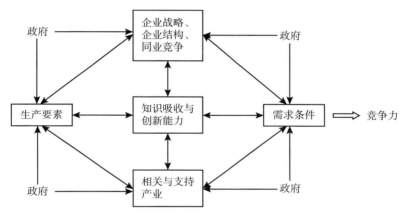

图 2 - 6 以知识吸收和创新能力为核心的钻石模型

第三节 技术创新与产业国际竞争力的度量指标

一、技术创新的度量

在 20 世纪 60 ~ 70 年代，许多学者把创新看作一个线性过程，把技术创新产出看作是研发经费投入和研发人员投入的结果。因此，用研发经费支出或研发人员投入当作创新活动水平的指标。随着研究的深入，学者们提出了创新过程链环等复杂模型，技术创新活动不再被看作一个线性的过程。因此，创新投入指标不再适用于衡量技术创新水平。

目前，在已有的研究中，通常采用两种方法来度量技术创新能力：一种方法是通过设计指标体系从创新投入产出各个角度对创新能力进行综合评价；另一种方法是用代表创新产出的专利和新产品等数据指标来衡量技术创新，这也是衡量创新能力最为常见的两个指标。专利数据具有审查严格、数据易获取、客观性、可比性、实用性强等优点，但专利数据也存在一些缺点，如只是衡量了创新发明的一个部分，并不能完全反映技术创新活动。尽管专利数据存在一些缺点，但目前仍是技术创新相关实证研究中广泛采用的指标。专利申请量既包含技术含量高、原创性强的发明专利，也包括技术水平相对较低的实用新型和外观设计专利。新产品则直接反映了创新活动水平，新产品销售收入衡量了技术创新转化为市场价值的能力，但由于新产品对于不同产业其意义不同，因此，新产品指标不具有产业可比性和国际可比性，此外，新产品指标并不能反映技术的自主知识产权。

二、产业国际竞争力的度量

制造业国际竞争力的测度既包括出口规模方面的指标，也包括商品出口质量方面的指标，只有综合出口规模和出口质量两方面的指标，才可以对其进行客观准确的测度。

（一）产业国际竞争力：基于出口规模的衡量指标

1. 显示性比较优势指数（RCA）

RCA 由美国经济学家巴拉萨（Balassa，1965）提出，用来衡量一个国家在该行业是否具有比较优势，其计算公式如下：

$$\text{RCA}_{it} = \frac{E_{it} / \sum_i E_{it}}{WE_{it} / \sum_i WE_{it}} \qquad (2-6)$$

其中，E_{it} 表示某国 i 行业 t 年的出口额，$\sum_i E_{it}$ 表示某国 t 年的总出口额，WE_{it} 表示世界 i 行业 t 年的出口额，$\sum_i WE_{it}$ 表示世界 t 年的出口总额。该指标的取值范围在 $0 \sim \infty$ 之间，RCA > 2.50 表示 i 行业具有很强的国际竞争力；1.25 < RCA < 2.50 表示 i 行业具有较强的国际竞争力；0.8 < RCA < 1.25 表示 i 行业具有平均国际竞争力；RCA < 0.8 表示 i 行业缺乏国际竞争力。

2. 显示性竞争优势指数（CA）

由于显示性比较优势指数（RCA）忽略了进口因素和国内市场部分，导致内需大国的产业国际竞争力被低估，而高估了加工贸易的产业国际竞争力。显示性竞争优势指数（CA）则对其进行了修正，加入了进口额，更接近于产业优势的实际状况，其计算公式如下：

$$\begin{aligned} \text{CA}_{it} &= \frac{E_{it} / \sum_i E_{it}}{WE_{it} / \sum_i WE_{it}} - \frac{I_{it} / \sum_i I_{it}}{WI_{it} / \sum_i WI_{it}} \\ &= \text{RCA}_{it} - \frac{I_{it} / \sum_i I_{it}}{WI_{it} / \sum_i WI_{it}} \qquad (2-7) \end{aligned}$$

其中，E_{it}表示某国 i 行业 t 年的出口额，$\sum_i E_{it}$ 表示某国 t 年的总出口额，WE_{it} 表示世界 i 行业 t 年的出口额，$\sum_i WE_{it}$ 表示世界 t 年的出口总额。I_{it} 表示某国 i 行业 t 年的进口额，$\sum_i I_{it}$ 表示某国 t 年的总进口额，WI_{it} 表示世界 i 行业 t 年的进口额，$\sum_i WI_{it}$ 表示世界 t 年的进口总额。如果 CA > 0，表明该产业具有竞争优势；如果 CA < 0，表示该产业缺乏竞争力。

3. 贸易竞争力指数（TCI）

TCI 反映外贸产业的国际竞争力状态，该指数同时考虑了出口额和进口额的影响，其计算公式如下：

$$TCI_{ij} = \frac{X_{ij} - M_{ij}}{X_{ij} + M_{ij}} \qquad (2-8)$$

其中，X_{ij}、M_{ij}分别表示 j 国 i 行业的出口额和进口额。TCI 的取值范围为[-1，1]。若该指数大于零，表示该产业的国际贸易竞争力较强，指数越大，该产业的贸易竞争力越强。$0.8 \leqslant TCI_{ij} \leqslant 1$ 表示该产业具有极强的贸易竞争力；$0.5 \leqslant TCI_{ij} < 0.8$ 表示该产业的国际竞争力较强；$0 \leqslant TCI_{ij} < 0.5$ 表示该产业仍然具有国际贸易竞争力。与之相反，若该指数小于零，表示该产业的贸易竞争力较弱。$-0.5 \leqslant TCI_{ij} < 0$ 表示该产业具有弱贸易竞争力；$-0.8 \leqslant TCI_{ij} < -0.5$ 表示贸易竞争力较弱；$-1 \leqslant TCI_{ij} < -0.8$ 表示该产业的贸易竞争力很弱。TCI = 1 表示该国只有出口，TCI = -1 表示该国只有进口的极端情况。

4. Michaely 指数

Michaely 指数又称为"Michaely 波动指数"，用来衡量经济变数每年变动平均程度的大小，其衡量的值代表波动的大小，亦即经济变数稳定程度。其计算公式如下：

$$\text{Michaely}_{it} = \frac{X_{it}}{\sum_i X_{it}} - \frac{M_{it}}{\sum_i M_{it}} \qquad (2-9)$$

其中，X_{it}、M_{it} 分别表示 i 行业在 t 年的出口值和进口值。Michaely 考察了某一行业出口值和进口值在全国所占比重的相对值，其取值范围也为 [-1, 1]。正值表示一个国家在该行业具有比较优势，负值表示一个国家在该行业具有比较劣势。

5. 国际市场占有率（MS）

MS 是经济学家拉奥（Lall，1998）提出用于衡量一国某产业贸易竞争力的指标，其计算公式如下：

$$MS_j = \frac{E_{ij}}{W_j} \qquad (2-10)$$

其中，E_{ij} 表示 i 国 j 产业的出口额，W_j 表示世界 j 产业的出口总额。MS_j 值越大，表示该国 j 产业的国际竞争力越强。通常，一国某产业市场占有率越高，则其国际竞争优势越明显。如果 MS > 0.2，表示该产业具有很强的国际竞争力；如果 0.1 < MS < 0.2，表示该产业具有较强的国际竞争力；若 0.05 < MS < 0.1，则该产业国际竞争力一般；若 MS < 0.05，表示该产业出口竞争力较弱。

6. 产业内贸易指数（IIT）

IIT 指标用来测度在一个产业内开展相互贸易的程度，在统计数据上显示为，同一个产业类别内部既存在进口也存在出口的商品数额，表示在该产业内部存在互补性的贸易需求。其计算公式如下：

$$IIT_{ij} = 1 - \frac{E_{ij} - I_{ij}}{E_{ij} + I_{ij}} \qquad (2-11)$$

其中，E_{ij} 表示 i 国 j 行业的出口总额，I_{ij} 表示 i 国 j 行业的进口总额。其取值范围为 [0, 1]，T = 0 时，表示没有发生产业内贸易；T = 1

时，表明产业内进口额与出口额相等；T值越大，表示产业内贸易的水平越高。

7. 出口优势变差指数

该指标通过比较各商品的出口增长率与总的外贸出口增长率的大小，由其差值的大小确定某产品出口竞争力的强弱。一段时期内，其计算公式如下：

$$变差指数 = G_j - G_t \qquad (2-12)$$

其中，G_j表示一国j产品的出口增长率，G_t表示一国总出口增长率，其取值范围为 $[-1, 1]$。变差指数值越大，表示一国该产品的竞争力越强。

（二）产业国际竞争力：基于出口质量的衡量指标

对于中国制造业国际竞争力的衡量不仅包括出口商品规模层面，还需要从出口商品质量层面进行衡量，以期对制造业的竞争力进行客观准确的描述性统计分析。

1. 出口产品质量指数（QI）

计算公式如下：

$$QI_j = \frac{\dfrac{E_{jt}}{X_{jt}}}{\dfrac{E_{j0}}{X_{j0}}} \qquad (2-13)$$

其中，E_{jt}、X_{jt}分别表示报告期j行业的出口额和出口量，E_{j0}、X_{j0}分别表示基期j行业的出口额和出口量，质量指数变大，说明j行业的价格和附加值提高，竞争力上升。

2. 出口相似度指数

芬格和克里宁（Finger & Kreinin，1979）提出了出口相似度指数，用于比较一国与发达国家出口商品结构的相似重合程度，以此度量其出口复杂度，其计算公式如下：

$$\text{ESI}_i = \sum_j (S_{ji}, S_{jr}) \qquad\qquad (2-14)$$

式（2 – 14）中，S 表示某一商品 j 在一国出口总量中所占的比例，i 表示所考察的样本国，r 表示参照国，j 表示某种出口商品。当某一国家与一技术先进的发达国家出口结构相似时，表示该国具有较高的出口技术复杂度，若出口结构相似度指数较小，则表示该国的出口技术复杂度较低。

3. 出口复杂度指数

第一，豪斯曼（2005）提出了用于衡量出口产品技术复杂度的指标。出口产品技术复杂度反映了某一特定国家或地区的出口商品结构，也反映了该国或地区出口商品的技术含量及其在全球产业价值链上的分工地位。该指标基于李嘉图的比较优势理论，商品的相对生产成本决定了该国生产、出口何种产品，较低的工资意味着较低的生产率，低工资的国家生产成本相对较低的低技术含量产品，而高工资的国家凭借其技术优势生产具有相对较高技术含量的产品。因此，出口技术含量与一国的工资水平相关，而一国的工资水平又与一国的人均生产总值相关。因此，用一国的人均生产总值来代替工资水平度量该国的出口技术复杂度。其计算公式如下：

$$\text{PRODY}_j = \sum_{i=1}^{n} \frac{\dfrac{x_{ij}}{X_i}}{\sum_{i=1}^{n}\left(\dfrac{x_{ij}}{X_i}\right)} Y_i \qquad\qquad (2-15)$$

其中，PRODY_j 表示制造业 j 产品的出口技术复杂度，i 表示国家，j 表示产品，$X_i = \sum_j x_{ij}$ 表示国家或地区 i 的总出口额，Y_i 表示国家或地区 i 的人均 GDP。在此基础上，以各行业的产品出口额占行业总出口额的比重为权重加权平均得到 k 行业的出口技术复杂度（PRODYI）。

$$PRODYI_k = \sum_j (x_{ij}/X_i^k) PRODY_j \qquad (2-16)$$

其中，k 表示行业，X_i^k 表示 i 国行业 k 的总出口额。由于上述计算公式中包含国家人均收入水平，因此，容易产生"富国生产出口复杂产品，而穷国生产出口简单产品；复杂产品由富国出口，而简单产品由穷国出口"的循环结论。

第二，鉴于上述出口技术复杂度指标的缺陷，豪斯曼和伊达尔戈（Hausman & Hidalgo，2010）基于能力理论用反射方法计算商品的出口复杂度。该指标的理论基础为：某种产品可以利用不同的生产投入元素（能力）来生产，不同产品的生产则需要投入不同的生产元素组合（能力组合），而不同国家拥有的生产投入元素并不相同，其组合方式也大不相同。因此，不同国家生产、出口的产品数量反映了其所拥有的能力数量，同理，生产或出口某种产品的国家数量也反映了该产品所需要的能力数量。"多样性"用来定义某经济体的复杂度，表示一个国家出口的具有比较优势的产品数量；"普遍性"用来定义产品的复杂度，表示出口某种产品的国家的数量。塔凯拉（Tacchella，2013）认为，豪斯曼和伊达尔戈（2010）的方法在观念、信息完整性及表述等方面均存在缺陷，由此，对其进行了改进，表示为如下形式：

$$c^{(n)} = \sum_p M_{cp} Q_p^{(n-1)}, \quad p^{(n)} = \frac{1}{\sum_c M_{cp} \dfrac{1}{F_c^{(n-1)}}}$$

$$F_c^{(n)} = \frac{c^{(n)}}{[c^{(n)}]_c}, \quad Q_p^{(n)} = \frac{p^{(n)}}{[p^{(n)}]_p} \qquad (2-17)$$

其中，$F_c^{(n)}$ 表示国家出口适合度，衡量一个国家的经济竞争力，类似于国家出口复杂度，其值越大，表示国家出口适合度越高，经济发展的能力越强；$Q_p^{(n)}$ 表示产品出口复杂度，数值越大，表示产品的出口复杂度越高；$c^{(n)}$、$p^{(n)}$ 分别是计算国家出口适合度和产品出口复杂度的中间变量。中间变量 $c^{(n)}$、$p^{(n)}$ 的初始值分别为 $c^{(0)} = 1$，$p^{(0)} = 1$；$n \geqslant 1$ 代表迭代次数，c 表示国家，p 表示产品；M_{cp} 是联系国家和产品的变量，如果 $RCA_{cp} \geqslant 1$，表示该国具有生产该产品的能力，则 $M_{cp} = 1$；否则，$M_{cp} = 0$。$\left[c^{(n)} \right]_c$ 表示在第 n 次迭代中所有国家适合度的平均值，$\left[p^{(n)} \right]_p$ 表示在第 n 次迭代中所有产品复杂度的平均值。在多次重复迭代中，直到第 n 次与 n + 1 次迭代所得到的国家和产品的序列不再发生改变，这时迭代所得到的数值便是最终的国家适合度和产品出口复杂度。按照式（2 - 18）可以计算出制造业各行业的出口复杂度：

$$\text{Com}^i = \sum_{p=1}^{n} \text{Com}_p^i \times \frac{\text{Exp}_p^i}{\text{Exp}^i} \qquad (2 - 18)$$

其中，Com^i 表示 i 行业的出口复杂度，p 表示某种产品，n 表示行业 i 所包含的所有产品种类，Exp 表示出口值，公式右边，以每种产品出口值占所属行业出口值的比例作为权重，并对该行业所有产品的出口复杂度进行加权求和，由此计算得出行业的出口复杂度。

第四节　本　章　小　结

首先，本章对本书中涉及的技术创新与技术进步、比较优势与竞争优势等相近概念进行理论辨析，分析其相互之间的区别与联系。相对技术进步，技术创新的内涵较小，只是技术进步的方式之一。技术创新则是技术进步的根源，技术进步是以往各种创新积淀的表现和反映。比较优势是从静态的相对技术水平、要素禀赋等决定的生产率的角度来解释国际贸易，而竞争优势则是从动态的、多因素决定的生产率的角度来解释国际贸易分工，二者本质上都是生产力的国际比较。

其次，对技术创新理论与后发国家的技术追赶理论进行综述，发达国家与发展中国家之间遵循了不同的技术演进轨迹。发达国家主要通过自主研发来推动技术进步，遵循熊彼特式的"发明—创造—扩散"过程，从创新理念的形成到新产品的设计再到标准化阶段，从追求产品质量和功能差异化的产品创新再到降低生产成本的工艺创新。而发展中国家的技术演进则是一个"技术吸收—扩散—再创新"的逆向过程，在吸收发达国家先进技术的基础上，通过逆向化过程，在消化、吸收的基础上进行模仿创新和自主创新，从生产产品的工艺改进再到培育出对产品的品质和性能进行改进的能力，最终为获取市场垄断利润，培育出独立提出新产品设计理念，并进行产品创新，生产出各具特色产品的能力。

在以上概念辨析基础上，就涉及技术创新与国际贸易联系的传统比较优势理论、技术差距理论、产品生命周期理论、动态比较优势理论和产业国际竞争力理论等逐一进行简述，并对其理论演进脉络进行评述。

最后，综述测度制造业技术创新和产业国际竞争力的各项指标，并对其进行分析比较，为下文的分析提供理论基础。测度技术创新的主要指标有创新投入和产出指标，由于技术创新是一个非线性的过程，因此，主要用创新产出指标来衡量技术创新，如专利、新产品指标。产业竞争力指标包括数量指标和质量指标，其中，以出口数量衡量的竞争力主要用显示性比较优势指数和显示性竞争优势指数来衡量，以出口质量衡量的竞争力主要由出口复杂度指标来衡量，出口复杂度则可分为收入指标和出口相似指标。收入指标主要有豪斯曼基于比较优势理论提出的计算方法和塔凯拉基于能力理论提出的计算方法，出口相似度指标由芬格和克里宁（Finger & Kreinin）提出，用于比较一国与发达国家出口商品结构的相似重合程度，以此度量其出口复杂度。

第三章

中国制造业技术创新
与产业国际竞争力的
特征化事实

第一节　中国制造业技术创新的特征事实

一、中国技术创新现状的国际横向比较

从表3-1中可以发现，2005~2015年，在金砖国家和世界主要发达国家中，R&D支出占GDP比重最高的均为发达国家，如日本、德国、美国，其所占比重分别为3.58%、2.87%、2.73%。中国在金砖国家中所占比例最高，为2.05%，高于英国。总体来看，我国R&D经费支出占GDP的比重接近全世界平均水平，但仍低于发达国家水平。从每百万人口中研发人员全时当量来看，日本、德国仍然处于领先水平，分别为5386人年、4381人年，我国每百万人口研发人员全时当量仅为1113人年，虽高于部分金砖国家，但只接近于全世界平均水平，仍远低于发达国家的水平，仅为其1/4左右。以上数据表明，我国创新投入水平仍然远低于世界发达国家水平。

表3-1　　　　金砖国家和世界主要发达国家的研发情况

国家	R&D支出占GDP比重（%）（2005~2015年）	每百万人口研发人员全时当量（人年）	科技期刊论文数（篇）（2013年）	高技术商品占制造业出口比重（%）（2015年）	专利申请（件）（2014年）	商标申请（件）（2014年）
中国	2.05	1113	401435	25.8	801135	2104534
巴西	1.24	698	48622	12.3	4659	157016

续表

国家	R&D 支出占GDP 比重（%）（2005～2015 年）	每百万人口研发人员全时当量（人年）	科技期刊论文数（篇）（2013 年）	高技术商品占制造业出口比重（%）（2015 年）	专利申请（件）（2014 年）	商标申请（件）（2014 年）
印度	0.82	157	93349	7.5	12040	222235
俄罗斯	1.19	3102	35542	13.8	24072	61078
南非	0.73	405	9679	5.9	802	35418
美国	2.73	4019	412542	19.0	285096	341902
德国	2.87	4381	101074	16.7	48154	70554
日本	3.58	5386	103377	16.8	265959	124602
英国	1.70	4252	97332	20.8	15196	54525
法国	2.26	4201	72555	26.8	145000	90674
全世界	2.12	1282	2184420	18.3	1713099	4886846
中等偏上收入国家	1.57	1264	646082	20.7	857919	2941848
高收入国家	2.46	3975	1400796	17.9	836702	1428234

资料来源：由 World Development Indicators 数据整理得到。

从 2015 年科技期刊论文发表数来看，我国为 401435 篇，仅次于美国，远高于世界其他国家。从 2014 年专利申请和商标申请数量来看，我国分别为 801135 件和 2104534 件，远高于美国、日本等发达国家，但从专利密集度来看，则低于上述世界发达国家。总体来看，我国以科技期刊论文数、专利申请、商标申请指标衡量的创新产出绝对规模居于世界前列，但人均密度等相对规模仍然较小。从高技术商品占制造业总出口额的比重来看，2015 年我国所占比重为 25.8%，仅次于法国的 26.8%，远高于全世界和高收入国家的平均水平，似乎表明我国制造业在高技术商品出口上具有很强的竞争力，但这只是一个统计幻象，我国高技术商品的生产主要通过进口中间产品并进行加工组装，然后出口，仍然属于高技术产业中的劳动密集型环节，制造业出口额中的增加值率仍然较低。

从表 3-2 中由美国专利商标局向其他主要国家申请者所授予的专利数据中可以发现，2014 年，授予日本、德国和韩国的专利数量最多，分别为 53849 件、16550 件和 16469 件。其他五个国家中，授予中国的专利数量最多，为 7236 件，印度仅次于中国，为 2987 件。从增长的绝对规模来看，授予中国的申请量最多，且增长迅猛，从 2003 年的 297 件上升至 2014 年的 7236 件，增长了约 24 倍，在 8 个国家中，增长率最高。印度和韩国的增长量也较大，分别从 2003 年的 341 件、3944 件增长至 2014 年的 2987 件、16469 件，分别增长了约 8 倍、5 倍。以上数据表明，我国创新能力提升较快，但创新水平与发达国家相比仍然有很大的差距。

表 3-2　　　　2003~2014 年美国专利商标局向其他主要国家

申请者的专利授权量　　　单位：件

年份	中国	巴西	印度	俄罗斯	南非	德国	日本	韩国
2003	297	130	341	202	112	11444	35517	3944
2004	404	106	363	169	100	10779	35348	4428
2005	402	77	384	148	87	9011	30341	4352

续表

年份	中国	巴西	印度	俄罗斯	南非	德国	日本	韩国
2006	661	121	481	172	109	10005	36807	5908
2007	772	90	546	188	82	9051	33354	6295
2008	1225	101	634	176	91	8915	33682	7549
2009	1655	103	679	196	93	9000	35501	8762
2010	2657	175	1098	272	116	12363	44814	11671
2011	3174	215	1234	298	123	11920	46139	12262
2012	4637	196	1691	331	142	13835	50677	13233
2013	5928	254	2424	417	161	15498	51919	14548
2014	7236	334	2987	445	152	16550	53849	16469

资料来源：由世界知识产权保护局数据整理得到。

二、我国制造业技术创新状况的纵向比较

（一）我国制造业部门技术创新总体情况

创新状况可以从投入和产出两个方面来衡量，本书分别运用 R&D 经费内部支出、R&D 经费支出比重、R&D 人员全时当量等创新投入指标，以及专利申请量、发明专利、新产品销售收入等创新产出指标对我国制造业技术创新状况进行衡量。

从表 3 - 3 可以看出，2000 ~ 2013 年，我国规模以上工业企业中，从科技创新投入来看，R&D 经费内部支出从 2000 年的 489.7 亿元增加至

2013 年的 8318.4 亿元，逐年递增且增长较快。R&D 经费支出与主营业务收入之比也从 2003 年的 0.58% 上升至 2013 年的 0.80%。R&D 人员全时当量从 2003 年的 43.9 万人年上升至 2013 年的 249.4 万人年，增长了约 6 倍。表明从研发经费支出的绝对规模、相对规模以及研发人员投入量来看，我国制造业部门的创新投入水平均趋于上升。从创新产出来看，发明专利申请量从 2000 年的 26184 件上升至 2013 年的 560918 件，增长了约 21.42 倍。其中，技术含量高、原创性强的发明专利从 2000 年的 7970 件增至 2013 年的 205146 件，增长了约 25.74 倍。技术含量较高的发明专利占专利申请量的比例从 2000 年的 30.44% 上升至 2013 年的 36.57%，其所占比重虽逐年上升，但发明专利在专利申请中所占的比例仍然较低，仅为 1/3 左右，表明我国制造业创新产出的质量层次依然较低。新产品销售收入从 2000 年的 9369.5 亿元上升至 2013 年的 128460.7 亿元，增长了约 13.71 倍，表明制造业技术创新成果产业化的速度相对滞后。

表 3 - 3　　　　　2000～2013 年我国规模以上工业企业
科技创新投入产出基本情况

年份	创新投入			创新产出		
	R&D 经费内部支出（亿元）	R&D 经费支出比重（%）	R&D 人员全时当量（万人年）	专利申请量（件）	发明专利（件）	新产品销售收入（亿元）
2000	489.7	0.58	43.9	26184	7970	9369.5
2004	1104.5	0.56	54.2	64569	20456	22808.6
2008	3073.1	0.61	123.0	173573	59254	57027.1

续表

年份	创新投入			创新产出		
	R&D 经费内部支出（亿元）	R&D 经费支出比重（%）	R&D 人员全时当量（万人年）	专利申请量（件）	发明专利（件）	新产品销售收入（亿元）
2009	3775.7	0.69	144.7	265808	92450	65838.2
2011	5993.8	0.71	193.9	386075	134843	100582.7
2012	7200.6	0.77	224.6	489945	176167	110529.8
2013	8318.4	0.80	249.4	560918	205146	128460.7

资料来源：由历年《中国科技统计年鉴》数据整理得到。

（二）制造业部门内部各行业技术创新状况

在表3-4中，从创新投入指标来看，技术密集型产业的研发经费支出和研发人员投入水平均最高，资本密集型产业次之。技术密集型产业中，交通运输设备制造业和通信设备、计算机及其他电子设备制造业投入的研发经费支出和研发人员投入最多，其研发经费支出分别为10523169万元、12525008万元，研发人员投入分别为390671人、476612人；资本密集型产业中，化学原料及化学制品制造业和黑色金属冶炼及压延加工业研发经费支出和研发人员投入均最高，其研发经费支出分别为6603728万元、6330374万元，研发人员投入分别为231345人、148418人；劳动密集型行业中，非金属矿物制造业和纺织业研发经费支出和研发人员投入均最高，其研发经费支出分别为2150329万元、1584878万元，研发人员投入分别为108859人和79009人。从创新产出指标来看，通信设备、计算机及其他电子设备制造业、电气机械及器材制造业的专利申请量和发明专利最多，专利申请量分别为 88960 件、78154 件，发明专利分别为 50516 件、25283 件。资本密集型产业中，化学原料及化学制品制造业、金属制品业的专利申请量和发明专利最多，专利申请量分别为 27165 件、18318 件，发明专利分别为 14883 件和 5152 件。劳动密集型产业中，非金属矿物制造业、纺织业的专利申请量和发明专利最多，专利申请量分别为 15369 件、11457 件，发明专利分别为 4932 件和 2220 件。从上述数据中可以发现，我国制造业各行业在创新投入和创新产出上存在较大差异，即具有显著的行业差异性。

表 3 – 4 　　　 2013 年我国制造业主要行业科技创新投入产出基本情况

行业	创新投入			创新产出		
	R&D 经费支出（万元）	R&D 人员投入（人）	研发密集度（%）	专利申请量（件）	发明专利（件）	专利密集度（件/万人）
食品制造业	985302	41366	0.5316	5421	2147	26.98
纺织业	1584878	79009	0.4380	11457	2220	23.56
纺织服装、鞋、帽制造业	692870	44534	0.3560	6347	946	13.95
皮革、毛皮、羽毛及其制品业	338923	19365	0.2681	3538	604	11.92
木材加工及木、竹、藤、棕、草制品业	271582	12473	0.2262	2603	687	18.85
造纸及纸制品业	877917	31420	0.6781	3278	1122	23.36
文教体育用品制造业	495880	29538	0.3839	10885	1331	48.84

续表

行业	创新投入			创新产出		
	R&D经费支出（万元）	R&D人员投入（人）	研发密集度（%）	专利申请量（件）	发明专利（件）	专利密集度（件/万人）
非金属矿物制造业	2150329	108859	0.4135	15369	4932	27.03
石油加工、炼焦及核燃料加工业	893194	19651	0.2183	1600	814	16.93
化学原料及化学制品制造业	6603728	231345	0.8620	27165	14883	54.89
化学纤维制造业	667897	23524	0.9467	3177	1090	65.49
橡胶和塑料制品业	1994578	87205	0.7161	15427	4168	46.06
黑色金属冶炼及压延加工业	6330374	148418	0.8308	13874	5767	33.35
有色金属冶炼及压延加工业	3011081	82691	0.6405	9022	3464	44.03
金属制品业	2300165	112816	0.6935	18318	5152	49.25
印刷业和记录媒介的复制业	303888	16853	0.5094	2867	882	31.08
医药制造业	3476553	163248	1.6937	17124	10475	82.11
通用设备制造业	5478932	267000	1.2594	49305	14292	103.55
专用设备制造业	5123164	239842	1.5667	53037	17528	150.63
交通运输设备制造业	10523169	390671	1.4034	57377	14938	93.51
电气机械及器材制造业	8153895	340031	1.3240	78154	25283	125.41
通信设备、计算机及其他电子设备制造业	12525008	476612	1.5889	88960	50516	101.03

续表

行业	创新投入			创新产出		
	R&D 经费支出（万元）	R&D 人员投入（人）	研发密集度（%）	专利申请量（件）	发明专利（件）	专利密集度（件/万人）
仪器、仪表及文化办公用机械制造业	1492889	90992	1.9873	19507	5950	186.56
其他设备制造业	145262	8764	0.6657	1751	630	42.13

资料来源：由《2014 中国科技统计年鉴》数据整理得到。

从图 3 - 1、图 3 - 2 中可以看出，研发经费支出、研发人力资本投入增加，促进了专利申请量的增加。研发经费支出、研发人力资本投入增加，也促进了专利申请量中技术含量较高的发明专利的增加。根据表 3 - 4 中我国制造业各行业研发经费支出、研发人力资本、专利申请量和发明专利申请量的横截面数据进行回归，回归结果表明，创新投入与创新产出具有高度的正相关性。

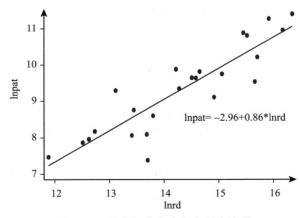

图 3 - 1 研发经费支出与专利申请量

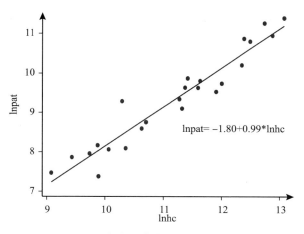

图 3 - 2 研发人力资本投入与专利申请量

本书中研发密集度采用各行业大中型企业科技活动经费内部支出总额与销售收入的比值来衡量，专利密集度采用各行业每年的专利申请量与行业年平均就业人员数的比值来衡量。研发密集度和专利密集度可以反映出不同行业在研发投入和产出中的行业特征。从研发密集度数据中可以发现，技术密集型产业的研发密集度最高，其中，仪器、仪表及文化办公用机械制造业、医药制造业、通信设备、计算机及其他电子设备制造业和专用设备制造业为高研发密集型行业，其研发密集度分别为 1.9873%、1.6937%、1.5889%、1.5667%；资本密集型产业的研发密集度次之，其中，化学纤维制造业、化学原料及化学制品制造业的研发密集度最高，其值分别为 0.9467%、0.8620%；劳动密集型行业的研发密集度最低，其中，造纸及纸制品业、食品制造业的研发密集度相对较高，分别为 0.6781%、0.5316%。

从专利密集度数据中可以发现，总体来看，技术密集型产业的专利密集度最高，其中，仪器、仪表及文化、办公用机械制造业、专用设备制造业、电气机械及器材制造业专利密集度最高，分别为 186.56 件/万人、150.63 件/万人、125.41 件/万人。资本密集型产业次之，其中，专利密集度较高的行业为化学纤维制造业和化学原料及化学制品制造业，其专利密集度分别为 65.49 件/万人、54.89 件/万人。劳动密集型产业的专利密集度最低，其中，专利密集度最高的行业分别为文教体育用品制造业和非金属矿物制造业，其专利密集度分别为 48.84 件/万人、27.03 件/万人。以上数据表明，我国制造业中各行业在研发密集度和专利密集度上存在显著差异，具有明显的行业异质性。

第二节　中国制造业出口的特征事实

一、我国制造业出口贸易结构的纵向比较

（一）出口贸易商品结构的动态变化

从表 3－5 可以看出，我国商品出口总额中，初级产品所占比例很小，2003 年所占比重仅为 7.94%，且逐年趋于下降，2014 年所占比例仅为 4.81%。工业制成品在出口产品中占有绝对主导地位，2003 年其出口额所占比例为 92.06%，且逐年攀升，2014 年上升至 95.19%。由此，本书主要分析我国制造业部门的出口。

表 3 - 5　　　　　　　2003 ~ 2014 年我国出口商品结构比重

年份	出口额 （亿美元）	初级产品 （亿美元）	比例 （%）	工业制成品 （亿美元）	比例 （%）
2003	4382. 28	348. 12	7. 94	4034. 16	92. 06
2004	5933. 26	405. 49	6. 83	5527. 77	93. 17
2005	7619. 53	490. 37	6. 44	7129. 16	93. 56
2006	9689. 78	529. 19	5. 46	9160. 17	94. 53
2007	12204. 56	615. 09	5. 04	11562. 67	94. 74
2008	14306. 93	779. 57	5. 45	13527. 36	94. 55
2009	12016. 12	631. 12	5. 25	11384. 83	94. 75
2010	15777. 54	816. 86	5. 18	14960. 69	94. 82
2011	18983. 81	1005. 45	5. 30	17978. 36	94. 70
2012	20487. 14	1005. 58	4. 91	19481. 56	95. 09
2013	22090. 04	1072. 68	4. 86	21017. 36	95. 14
2014	23422. 93	1126. 92	4. 81	22296. 01	95. 19

资料来源：由历年《中国统计年鉴》数据整理得到。

（二）制造业部门内劳动、资本和技术密集型产业出口比重的动态变化

从表 3 - 6 可以看出，2003 ~ 2014 年，我国制造业中劳动密集型、资本密集型和技术密集型三大产业占总出口额比重的变化趋势。其中，劳动密集型产业所占比重由 2003 年的 37.3% 逐渐下降至 2008 年的 28.1%，其

后随着全球经济的复苏虽略微有所回升，2014 年其所占比重为 27.8%，总体来看，劳动密集型产业出口额所占比重下降明显，下降了约 10 个百分点。资本密集型产业所占比重由 2003 年的 12.8% 上升至 2008 年的 18.4%，其后虽有波动但总体趋于上升，2014 年逐渐上升至 16.7%，上升了约 4 个百分点。技术密集型产业所占比重由 2003 年的 49.9% 上升至 2010 年的 56.7%，其后略微有所下降，2014 年所占比重为 55.4%。总体来看，我国制造业出口总额中，技术密集型产业已占居绝对主导地位。2008 年全球金融危机对劳动和资本密集型行业的影响较大，但对技术密集型产业的影响不大。具体如图 3 - 3 所示。

表 3 - 6   2003 ~ 2014 年我国劳动、资本和技术密集型产业占制造业出口总额的比重
单位：%

产业	2003年	2004年	2005年	2006年	2007年	2008年	2009年	2010年	2011年	2012年	2013年	2014年
L - in	37.3	33.5	32.2	30.8	29.2	28.1	29.8	28.2	28.2	27.9	28.1	27.8
C - in	12.8	14.6	14.9	16.0	17.0	18.4	14.0	15.1	16.5	15.8	15.6	16.7
T - in	49.9	51.9	52.9	53.3	53.7	53.5	56.2	56.7	55.3	56.3	56.3	55.4

注：L - in 指劳动密集型产业；C - in 指资本密集型产业；T - in 指技术密集型产业。
资料来源：由 UN Comtrade 数据整理得到。

改革开放初期，我国资源禀赋的基本特征是非熟练劳动力丰富而资本稀缺，随着家庭联产承包责任制的实施和农业技术的进步，农业劳动生产率随之提高，农业剩余逐渐增加。由于农业生产高度依赖土地要素投入，而在土地资源既定或增长极其有限的前提下，受要素边际报酬递减规律的

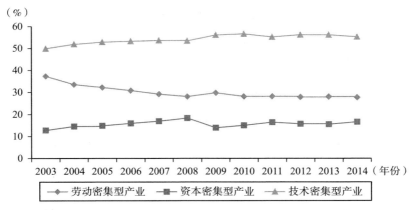

图 3 – 3　2003～2014 年我国三大产业出口额所占比重变化趋势

资料来源：根据 UN Comtrade 数据整理得到。

作用，源源不断的农业劳动力供给使农业边际生产率逐渐下降，边际生产率小于生存工资，即存在动态意义上的劳动剩余。在现代工业生产和传统农业生产并存的二元经济结构中，工农业价格"剪刀差"导致的农业剩余不断输入城市部门，为我国的工业化和现代化奠定了坚实的资本基础，促进了现代制造业部门的发展。制造业部门的发展进一步吸引农村剩余劳动力在三大产业部门间重新配置，无限的劳动力供给降低了制造业部门的工资水平，进一步增加了制造业部门的资本积累。

为了发挥非熟练劳动力资源丰富的比较优势，我国大力发展对于劳动力质量和生产技术要求相对较低的劳动密集型产业，并在满足国内人民生活需要的基础上，开始在国际市场上大量出口劳动密集型产品，以此增加外汇储备并进口我国各部门生产所急需的机器设备和中间投入品。随着劳动密集型产业的发展，物质资本积累增加，生产技术不断进步，人力资本质量逐渐提高，自然资源和能源被大批开采出来，为资本技术密集型产业的发展奠定了基础。随着对外开放的进一步发展，大批跨国公司为利用我国丰富的劳动力资源禀赋优势，并开拓广阔的国内市场，纷纷涌入我国。外商直接投资不仅具有资本效应，即弥补了国内储蓄的不足，扩大投资，促进资本形成；同时也通过竞争效应、示范和模仿效应、人员培训和流动效应及前后向关联效应等渠道，促进了产业部门间的技术溢出，带动了前后向辅助产业部门的发展。20 世纪 90 年代后期，随着资源禀赋的动态改善，我国工业化进程逐渐由劳动密集型产业转向资本技术密集型产业，促进了制造业内部产业结构的动态升级。

（三）劳动、资本和技术密集型产业内部各行业出口比重的变化

按照制造业中各行业的要素密集度，我国制造业部门可分为劳动密集型产业、资本密集型产业和技术密集型产业。① 本书选取我国制造业中出口额占比最高的 24 个行业作为样本，按要素密集度进行划分。劳动密集型产业包括食品制造业、纺织业、纺织服装、鞋、帽制造业、皮革、毛皮、羽毛（绒）及其制品业、木材加工及木、竹、藤、棕、草制品业、造纸及纸制品业、文教体育用品制造业、非金属矿物制品业；资本密集型产业包括石油加工、炼焦及核燃料加工业、化学原料及化学制品制造业、化学纤维制造业、橡胶制品业、塑料制品业、黑色金属冶炼及压延加工业、有色金属冶炼及压延加工业、金属制品业、印刷业和记录媒介的复制业；

---

① 按要素密集度划分的制造业行业分类：劳动密集型产业包括食品制造业（L1）、纺织业（L2）、纺织服装、鞋、帽制造业（L3）、皮革、毛皮、羽毛（绒）及其制品业（L4）、木材加工及木、竹、藤、棕、草制品业（L5）、造纸及纸制品业（L6）、文教体育用品制造业（L7）、非金属矿物制品业（L8）；资本密集型产业包括石油加工、炼焦及核燃料加工（C1）、化学原料及化学制品制造业（C2）、化学纤维制造业（C3）、橡胶制品业（C4）、塑料制品业（C5）、黑色金属冶炼及压延加工业（C6）、有色金属冶炼及压延加工业（C7）、金属制品业（C8）、印刷业和记录媒介的复制业（C9）；技术密集型产业包括医药制造业（T1）、通用设备制造业（T2）、专用设备制造业（T3）、交通运输设备制造业（T4）、电气机械及器材制造业（T5）、通信设备、计算机及其他电子设备制造业（T6）、仪器仪表及文化、办公用机械制造业（T7）、工艺品及其他制造业（T8）。

技术密集型产业包括医药制造业、通用设备制造业、专用设备制造业、交通运输设备制造业、电气机械及器材制造业、通信设备、计算机及其他电子设备制造业、仪器仪表及文化、办公用机械制造业、工艺品及其他制造业。

从表 3-7 中可以看出，2014 年我国劳动密集型产业中出口额占比较高的行业分别为：纺织业（17.54%）、纺织服装、鞋、帽制造业（29.26%）、皮革、毛皮、羽毛（绒）及其制品业（13.47%），这些行业主要依赖我国"人口红利"带来的低成本比较优势参与国际分工，专利密集度、研发密集度均较低；食品制造业、文教体育用品制造业、非金属矿物制造业所占比重次之，其他行业出口额所占比重相对较小。

表 3-7　　　　　2003～2014 年我国劳动密集型产业内各行业

出口比重变化趋势　　　　　　　　　单位：%

行业	2003年	2004年	2005年	2006年	2007年	2008年	2009年	2010年	2011年	2012年	2013年	2014年
L1	8.29	8.07	7.81	7.67	7.51	7.38	7.85	8.03	8.22	7.81	7.57	7.51
L2	16.96	17.23	17.13	16.66	16.03	16.58	17.10	17.64	18.04	17.08	17.58	17.54
L3	32.82	31.87	30.95	32.65	33.05	30.54	30.65	29.79	29.37	28.54	29.24	29.26
L4	12.48	12.26	12.07	11.46	11.06	11.49	11.99	12.64	12.87	13.26	13.31	13.47
L5	1.82	2.26	2.28	2.54	2.45	2.06	1.93	1.98	1.97	2.01	1.93	2.10
L6	1.41	1.41	1.59	1.79	1.98	1.90	2.08	2.12	2.41	2.56	2.74	2.95
L7	10.70	10.27	10.41	10.01	11.01	11.70	10.68	9.51	8.98	8.78	8.00	8.06
L8	4.85	5.31	5.71	5.96	5.77	6.15	6.25	6.61	6.96	7.52	7.78	7.81

资料来源：由 UN Comtrade 数据整理得到。

2003～2014 年，从各行业占劳动密集型产业出口总额比重的变化趋势来看，食品制造业、纺织服装、鞋、帽制造业所占比重下降明显，分别从 2003 年的 8.29%、32.82% 下降至 2014 年的 7.51%、29.26%。随着全球经济的复苏和国外需求的增加，其所占比重虽有所回升，但总体来看趋于下降。可能的原因是：由于劳动密集型产业主要依靠大量使用非熟练劳动力进行生产，随着我国人口红利渐趋衰减、企业面临日益上升的劳动力等生产要素成本，并且同时面临东南亚等劳动力成本更低国家日益激烈的竞争，其成本比较优势逐渐下降。文教体育用品制造业所占比重虽有所波动，但总体趋于下降，从 2003 年的 10.70% 下降至 2014 年的 8.06%。纺织业、皮革、毛皮、羽毛（绒）及其制品业、木材加工及木、竹、藤、棕、草制品业所占比重总体趋于上升。全球金融危机爆发前后，这三个行业所占比重均有不同幅度的下降，随着全球经济复苏，国内外市场需求逐渐增加，其所占比重分别由 2003 年的 16.96%、12.48%、1.82% 逐渐攀升至 2014 年的 17.54%、13.47%、2.10%。造纸及纸制品业、非金属矿物制造业所占比重也总体趋于上升，金融危机对其影响较小。尤其是非金属矿物制造业所占比重上升尤为明显，其所占比重约上升了 3 个百分点。具体如图 3-4 所示。

从表 3-8 可以看出，2014 年，资本密集型产业中，出口份额占比较高的行业分别为：化学原料及化学制品制造业、塑料制品业、黑色金属冶炼及压延加工业、金属制品业，这些行业为重要的资本密集型出口行业，其所占比重分别为 27.91%、12.80%、18.52% 和 19.31%。其他行业所占比重相对较小，化学纤维制造业、印刷业和记录媒介的复制业所占比重最小，仅为 0.49%、1.15%。

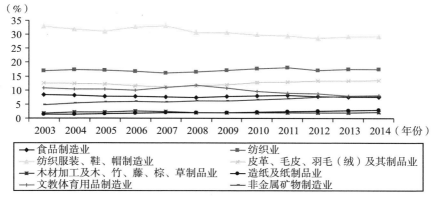

图 3 - 4　2003 ~ 2014 年我国劳动密集型产业内各行业出口比重变化趋势

资料来源：根据 UN Comtrade 数据整理得到。

表 3 - 8　2003 ~ 2014 年我国资本密集型产业内各行业出口比重变化趋势　单位：%

行业	2003年	2004年	2005年	2006年	2007年	2008年	2009年	2010年	2011年	2012年	2013年	2014年
C1	10.52	9.90	8.56	6.67	6.58	8.17	8.23	8.47	7.87	7.42	8.05	7.58
C2	28.58	25.20	26.22	23.83	24.20	25.17	29.32	29.85	30.41	28.65	28.11	27.91
C3	0.30	0.27	0.32	0.34	0.45	0.38	0.46	0.50	0.66	0.56	0.48	0.49
C4	4.18	4.05	4.51	4.51	4.62	4.14	5.99	5.78	6.15	6.44	6.37	5.73
C5	14.85	12.49	12.16	10.85	9.20	8.06	11.18	10.64	10.33	12.89	13.56	12.80
C6	8.66	16.13	17.03	21.07	24.88	26.93	14.08	16.66	17.72	16.69	15.91	18.52
C7	9.81	10.78	9.66	11.81	9.29	7.42	7.19	7.56	7.50	6.73	6.59	6.52
C8	21.67	19.95	20.40	19.84	19.67	18.64	21.93	19.22	18.21	19.37	19.68	19.31
C9	1.42	1.23	1.15	1.07	1.12	1.10	1.62	1.33	1.16	1.25	1.26	1.15

资料来源：由 UN Comtrade 数据整理得到。

2003～2014 年，黑色金属冶炼及压延加工业出口份额变化总体趋于上升，但波动剧烈，受 2008 年金融危机的影响较为明显。化学原料及化学制品制造业、塑料制品业所占份额总体均趋于下降，分别从 2003 年的 28.58%、14.85%下降至 2014 年的 27.91%、12.80%。石油加工、炼焦及核燃料加工业、有色金属冶炼及压延加工业、金属制品业、印刷业和记录媒介的复制业出口额所占份额总体也趋于下降。化学纤维制造业、橡胶制品业所占比重虽较小但总体趋于上升，分别从 2003 年的 0.30%、4.18%上升至 2014 年的 0.49%、5.73%，其间由于金融危机的爆发，出口份额陡然下降，但随全球经济的复苏逐渐回升。具体如图 3-5 所示。

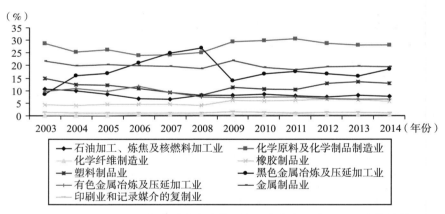

图 3-5 2003～2014 年我国资本密集型产业内各行业出口比重变化趋势

资料来源：根据 UN Comtrade 数据整理得到。

从表 3-9 中可以看出，技术密集型产业中，出口额占比重较高的行业分别为通用设备制造业、电气机械及器材制造业、通信设备、计算机及其他电子设备制造业，2014 年其所占份额分别为 11.43%、24.21%、34.76%，这些行业的研发密集度和专利密集度均相对较高。交通运输设

备制造业、仪器仪表及文化、办公用机械制造业所占比重分别为 8.06%、
9.88%，医药制造业、专用设备制造业、工艺品及其他制造业出口额所占
比重均较小，表明由于技术密集型产业的生产中需要运用复杂先进而又尖
端的科学技术才能生产，相对于劳动密集型产业和资本密集型产业，在生
产要素投入结构中，技术知识所占比重大，设备、生产工艺均建立在先进
的科学技术基础上，科研费用高，科技人员在职工中所占比重较大，对劳
动者专业技术水平的要求较高。而我国高技能人力资本相对稀缺、技术创
新能力不足，创新质量层次不高，导致我国在这些高技术行业中缺乏国际
竞争力。

表 3 - 9　2003 ~ 2014 年我国技术密集型产业内各行业出口比重变化趋势　单位：%

行业	2003年	2004年	2005年	2006年	2007年	2008年	2009年	2010年	2011年	2012年	2013年	2014年
T1	1.34	1.07	0.95	0.88	0.93	1.07	1.29	1.21	1.14	1.05	1.00	1.04
T2	8.84	8.99	8.98	9.29	10.19	11.75	11.15	10.65	11.40	11.04	11.00	11.43
T3	3.27	3.01	3.01	3.16	3.46	4.05	3.54	3.52	3.91	3.94	3.88	4.08
T4	7.06	6.75	6.98	7.38	8.33	9.15	8.86	9.93	10.41	9.40	8.04	8.06
T5	21.41	20.96	20.21	21.04	20.93	21.39	21.24	22.59	22.27	22.83	25.84	24.21
T6	40.37	42.47	43.19	42.59	39.97	37.69	39.16	37.32	35.66	35.09	34.24	34.76
T7	14.24	13.71	13.81	12.99	13.68	12.49	12.16	11.94	11.05	11.14	10.35	9.88
T8	3.46	3.05	2.86	2.68	2.51	2.41	2.60	2.84	4.16	5.53	5.64	6.54

资料来源：由 UN Comtrade 数据整理得到。

2003～2014 年，通用设备制造业、电气机械及器材制造业出口额所占份额总体趋于上升，分别从 2003 年的 8.84%、21.41% 上升至 2014 年的 11.43%、24.21%。专用设备制造业、交通运输设备制造业受金融危机影响，其所占比重下降，但随着全球经济回暖，国内外市场需求增加，出口所占比重总体也趋于上升。通信设备、计算机及其他电子设备制造业和仪器仪表及文化、办公用机械制造业出口额所占比重均趋于下降，且其所占份额下降较为明显。医药制造业所占份额最小且趋于下降。总体来看，技术密集型产业受金融危机的影响较小。具体如图 3-6 所示。

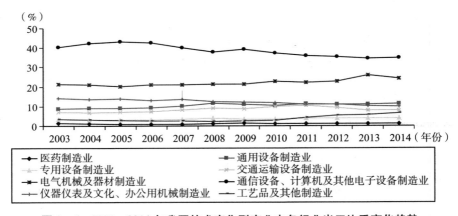

图 3-6 2003～2014 年我国技术密集型产业内各行业出口比重变化趋势

资料来源：根据 UN Comtrade 数据整理得到。

二、我国制造业国际竞争力的动态演变

表 3-10 中，基于出口规模，从显示性比较优势指数值（RCA）衡量的产业竞争力可以发现，2003 年，劳动密集型产业在三大产业中产业竞争力最强，此后，其竞争力逐渐下降至 2008 年的 0.70，2008 年金融危机之

后，虽然受全球经济回暖，外贸需求增加的影响，其竞争力有所上升，但受劳动力成本上升、资源环境约束、全球产业转移等因素的影响，其竞争力仍低于 2003 年的水平。资本密集型产业的国际竞争力由 2003 年的 0.51 上升至 2008 年的 0.59，随后受金融危机的影响下降至 2009 年的 0.49，随着全球经济复苏，其竞争力逐渐上升至 2014 年的 0.74。其间虽有所波动，但总体趋于上升。技术密集型产业的竞争力则基本趋于上升，分别从 2003 年的 0.71 上升至 2014 年的 1.17，即便是 2008 年的全球金融危机，仍未对其竞争力产生明显影响。总体来看，金融危机对劳动密集型产业和资本密集型产业竞争力的影响较大，然而对技术密集型产业的影响较小。其中，技术密集型产业国际竞争力的上升尤为突出，逐渐超过了劳动密集型产业，而资本密集型产业的竞争力仍低于劳动密集型产业，以显示性比较优势指数值来看，技术密集型产业也只具有平均国际竞争力。

表 3 - 10　　　2003 ~ 2014 年我国劳动、资本和技术密集型产业
显示性比较优势指数值

产业	2003年	2004年	2005年	2006年	2007年	2008年	2009年	2010年	2011年	2012年	2013年	2014年
L - in	0.98	0.90	0.84	0.80	0.78	0.70	0.76	0.71	0.91	0.91	0.91	0.93
C - in	0.51	0.54	0.53	0.55	0.56	0.59	0.49	0.51	0.71	0.68	0.68	0.74
T - in	0.71	0.75	0.79	0.82	0.82	0.87	0.86	0.89	1.22	1.23	1.23	1.17

资料来源：由 UN Comtrade 数据整理得到。

表 3 - 11 中，从显示性竞争优势指数值（CA）衡量的产业国际竞争力可以看出，劳动密集型产业的显示性竞争优势指数从 2003 年的 0.30 下

降至 2008 年的 −0.24，随后逐渐上升至 2014 年的 −0.12，但总体来看下降较为明显，即整体上从具有竞争优势的产业逐渐演变为具有竞争劣势的产业，其竞争优势下降幅度明显。资本密集型产业的竞争优势从 2003 年的 −0.75 上升至 2008 年的 −0.32，金融危机导致其骤然下降至 2009 年的 −0.54，随后其竞争优势逐渐上升至 2014 年的 −0.01。总体上来看，其竞争力趋于上升，且上升幅度明显，但仍然不具有竞争优势。技术密集型产业的竞争力从 2003 年的 −0.38 一直上升至 2011 年的 0.14，其后略有小幅回落，下降至 2014 年的 0.08，但总体趋于上升，相较而言，资本密集型产业的竞争优势上升尤为明显。上述结果与显示性比较优势指数反映的结果并不完全一致，可能的原因是显示性比较优势并未反映进口因素的影响，由于我国技术密集型产业通过大量进口中间投入品和机器设备进行加工组装，然后出口，高估了其竞争优势。根据显示性竞争优势指数值的判断，劳动密集型产业的竞争优势下降明显，资本密集型产业的竞争优势虽然上升明显，但仍不具有产业竞争优势，技术密集型产业虽逐渐有了竞争优势，但其优势十分微弱。

表 3−11　　　　　2003 ~ 2014 年我国劳动、资本和技术密集型产业

显示性竞争优势指数值

产业	2003年	2004年	2005年	2006年	2007年	2008年	2009年	2010年	2011年	2012年	2013年	2014年
L−in	0.30	0.16	0.08	0.01	−0.08	−0.24	−0.14	−0.24	−0.11	−0.10	−0.10	−0.12
C−in	−0.75	−0.60	−0.55	−0.44	−0.39	−0.32	−0.54	−0.41	−0.13	−0.13	−0.08	−0.01
T−in	−0.38	−0.34	−0.33	−0.33	−0.29	−0.22	−0.20	−0.18	0.14	0.13	0.11	0.08

资料来源：由 UN Comtrade 数据整理得到。

第三节　中国制造业国际竞争力：
基于出口规模的度量

本节采用显示性比较优势指数和显示性竞争优势指数，对我国制造业内部各行业的国际竞争力及其变化趋势进行描述性统计分析。

一、劳动密集型产业

从表3－12中的显示性比较优势指数值可以看出，劳动密集型产业中，具有很强国际竞争力的行业分别为纺织业、纺织服装、鞋、帽制造业、皮革、毛皮、羽毛（绒）及其制品业和文教体育用品制造业。这些行业主要依托"人口红利"和"土地红利"等要素禀赋带来的低成本比较优势参与国际分工，也是劳动密集型产业中出口占比最高的四个行业。具有较强国际竞争力的行业为木材加工及木、竹、藤、棕、草制品业。非金属矿物制造业仅具有平均国际竞争力，食品制造业和造纸及纸制品业则缺乏国际竞争力。

表3－12　2003~2014年我国劳动密集型产业显示性比较优势指数值

行业	2003年	2004年	2005年	2006年	2007年	2008年	2009年	2010年	2011年	2012年	2013年	2014年
L1	0.65	0.60	0.57	0.56	0.49	0.44	0.43	0.45	0.45	0.42	0.40	0.38
L2	2.45	2.43	2.52	2.56	2.47	2.72	2.72	2.71	2.82	2.75	2.74	2.65

续表

行业	2003年	2004年	2005年	2006年	2007年	2008年	2009年	2010年	2011年	2012年	2013年	2014年
L3	3.68	3.49	3.41	3.59	3.51	3.41	3.19	3.24	3.24	3.28	3.20	3.03
L4	3.55	3.37	3.32	3.15	2.92	3.10	3.09	3.08	3.13	3.11	2.95	2.79
L5	1.21	1.33	1.38	1.55	1.48	1.40	1.40	1.48	1.54	1.54	1.42	1.46
L6	0.28	0.27	0.32	0.37	0.38	0.38	0.41	0.41	0.50	0.55	0.59	0.63
L7	2.84	2.70	2.63	2.60	2.61	2.80	2.50	2.41	2.48	2.48	2.42	2.35
L8	0.90	0.90	0.92	1.01	0.92	0.99	1.03	0.98	1.02	1.15	1.12	1.11

资料来源：由 UN Comtrade 数据整理得到。

从其变化趋势来看，2003～2014年，纺织服装、鞋、帽制造业、皮革、毛皮、羽毛（绒）及其制品业和文教体育用品制造业虽具有很强的国际竞争力，但随着国内人口结构转型、要素市场供求关系转变，劳动力、土地等生产要素价格趋于上升，导致其产业竞争力总体趋于下降，分别从2003年的3.68、3.55、2.84下降至2014年的3.03、2.79和2.30。北京大学新结构经济学研究院对我国东南沿海广州、中山、东莞和宁波四市规模以上劳动密集型轻工制造业的调查研究发现，工资成本上升是这些企业面临的首要挑战，其次是原材料投入成本（Jiajun Xu et al.，2017）。纺织业的竞争力则在波动中略有上升，从2003年的2.45上升至2014年的2.65。木材加工及木、竹、藤、棕、草制品业、非金属矿物制造业的出口竞争力受金融危机的影响虽有所波动，但总体趋于上升，但仍只具有平均产业国际竞争力。食品制造业、造纸及纸制品业则均缺乏产业竞争力。随着世界劳动力市场一体化程度的加强（Harrigan & Balaban，1999），由于劳动密集型产业的生产具有较大的地理弹性，新工资洼地的出现导致跨国公司在全球范围内进行生产资源的重置，劳动密集型产业面临很大的挤出风险。具体如图 3 − 7 所示：

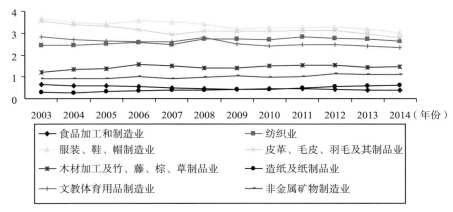

图 3 − 7　2003 ～ 2014 年我国劳动密集型产业各行业显示性比较优势指数值

资料来源：根据 UN Comtrade 数据整理得到。

从表 3 − 13 中的显示性竞争优势指数可以看出，2003 ～ 2014 年，纺织服装、鞋、帽制造业、皮革、毛皮、羽毛（绒）及其制品业和文教体育用品制造业虽具有很强的产业竞争力，但其竞争优势下降明显，分别从 2003 年的 3.57、2.93 和 2.45 下降至 2014 年的 2.90、2.40 和 1.96。纺织业、木材加工及木、竹、藤、棕、草制品业的产业竞争优势也较为突出，且总体趋于上升，分别从 2003 年的 0.89 和 0.78 上升至 2014 年的 1.92 和 1.28。食品制造业、造纸及纸制品业则均缺乏竞争优势，其中，食品制造业的竞争优势下降尤为明显，从具有竞争优势的产业逐渐变为具有竞争劣势的行业，造纸及纸制品业则趋于上升。

表 3－13　2003～2014 年我国劳动密集型产业显示性竞争优势指数值

行业	2003年	2004年	2005年	2006年	2007年	2008年	2009年	2010年	2011年	2012年	2013年	2014年
L1	0.26	0.19	0.20	0.19	0.07	0.00	0.05	0.05	0.05	－0.03	－0.04	－0.07
L2	0.89	1.08	1.25	1.33	1.38	1.71	1.76	1.86	2.07	1.94	1.94	1.92
L3	3.57	3.40	3.32	3.51	3.42	3.32	3.12	3.16	3.14	3.17	3.08	2.90
L4	2.93	2.77	2.76	2.58	2.39	2.61	2.68	2.68	2.74	2.72	2.58	2.40
L5	0.78	1.01	1.13	1.36	1.32	1.26	1.27	1.36	1.42	1.41	1.27	1.28
L6	－0.78	－0.74	－0.66	－0.58	－0.58	－0.67	－0.56	－0.52	－0.52	－0.42	－0.31	－0.27
L7	2.45	2.27	2.17	2.12	2.07	2.30	2.05	1.98	2.02	2.03	2.06	1.96
L8	0.43	0.45	0.51	0.56	0.49	0.57	0.62	0.55	0.52	0.62	0.52	－0.11

资料来源：由 UN Comtrade 数据整理得到。

　　总体来看，首先，由于劳动密集型产业主要依靠大量使用标准化的低技术劳动力进行生产，对技术和设备的依赖程度较低，加工贸易对各行业的重要性相对较低，且其在各行业出口总额中的占比趋于下降；其次，由于我国劳动密集型产业在全球价值链分工中所承担的链条较长。因此，上述显示性竞争优势指数与显示性比较优势指数的测算结果基本一致，劳动密集型产业中，除纺织业外，出口占比最高的三个行业，其产业国际竞争力均趋于下降。具体如图 3－8 所示。

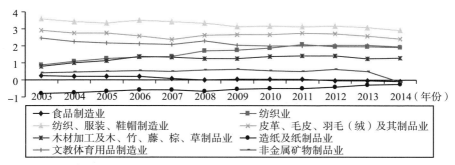

图 3 - 8 2003 ~ 2014 年我国劳动密集型产业各行业显示性竞争优势指数值

资料来源：根据 UN Comtrade 数据整理得到。

二、资本密集型产业

从表 3 - 14 中的显示性比较优势指数（RCA）可以看出，资本密集型产业中，具有较强产业竞争力的行业分别为金属制品业和塑料制品业，且其产业竞争力总体趋于上升，分别从 2003 年的 1.33、1.16 上升至 2014 年的 1.46、1.30，但上升幅度较小。化学纤维制造业、橡胶制品业和黑色金属冶炼及压延加工业仅具有平均国际竞争力，但其产业竞争力上升较快，逐渐从缺乏竞争力的行业上升至具有平均国际竞争力。其中，化学纤维制造业、黑色金属冶炼及压延加工业受金融危机的影响较为明显，但橡胶制品业竞争力所受的影响并不显著。石油加工、炼焦及核燃料加工业、有色金属冶炼及压延加工业均缺乏产业竞争力，且其竞争力逐年下降。化学原料及化学制品制造业、印刷业和记录媒介的复制业的竞争力虽有小幅上升，但仍属于缺乏竞争力的行业。

表 3 - 14　2003～2014 年我国资本密集型产业显示性比较优势指数值

行业	2003年	2004年	2005年	2006年	2007年	2008年	2009年	2010年	2011年	2012年	2013年	2014年
C1	0.51	0.46	0.33	0.25	0.26	0.28	0.26	0.26	0.23	0.20	0.21	0.22
C2	0.50	0.49	0.52	0.53	0.56	0.63	0.55	0.59	0.65	0.60	0.58	0.63
C3	0.38	0.40	0.52	0.69	0.91	0.97	0.88	0.95	1.33	1.20	1.01	1.11
C4	0.71	0.78	0.90	0.98	1.02	1.05	1.07	1.09	1.18	1.18	1.18	1.17
C5	1.16	1.14	1.15	1.13	1.02	1.03	0.99	1.04	1.14	1.31	1.32	1.30
C6	0.45	0.78	0.81	1.07	1.20	1.33	0.74	0.88	0.98	0.95	0.98	1.19
C7	0.77	0.84	0.75	0.74	0.61	0.62	0.52	0.51	0.54	0.51	0.53	0.57
C8	1.33	1.38	1.43	1.47	1.47	1.53	1.40	1.42	1.46	1.46	1.44	1.46
C9	0.41	0.43	0.43	0.47	0.52	0.59	0.57	0.59	0.60	0.69	0.66	0.68

资料来源：由 UN Comtrade 数据整理得到。

总体来看，资本密集型产业国际竞争力虽总体趋于上升，但其在我国制造业出口总额中所占比例最小，且其竞争优势仍不突出。首先，由于资本密集型产业容纳劳动力较少，更依赖于大量的技术设备和资金投资。因此，随着国内资本积累的增加，总的资本劳动比逐渐上升，导致资本密集型产业扩张（Schott，2003）。其次，由于低技能劳动力的相对工资渐趋上涨，许多企业选择用机器或数字化替代劳动以应对日益上涨的劳动成本，导致资本密集型产业的比较优势将逐渐增强（Jiajun Xu et al.，2017）。最后，由于国内技术创新水平的提升，无论是技术含量较高、授权难度较大的发明专利，还是技术含量相对较低、授权难度小的实用新型和外观设计

专利均有效提升了我国资本密集型产业的国际竞争力。具体如图 3 - 9
所示：

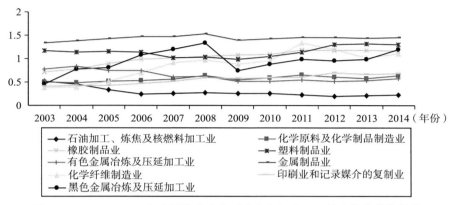

图 3 - 9　2003 ~ 2014 年我国资本密集型产业各行业显示性比较优势指数值

资料来源：根据 UN Comtrade 数据整理得到。

　　从表 3 - 15 中的显示性竞争优势指数可以看出，资本密集型产业中，
金属制品业的竞争优势尤为明显，从 2003 年的 0.80 上升至 2014 年的
1.04。橡胶制品业、塑料制品业、黑色金属冶炼及压延加工业、印刷业和
记录媒介的复制业也均具有竞争力。其中，橡胶制品业、塑料制品业的产
业竞争优势上升明显，分别从 2003 年的 0.27、0.48 上升至 2014 年的
0.64、0.71。黑色金属冶炼及压延加工业的竞争优势上升虽尤为明显，但
其波动较为剧烈。石油加工、炼焦及核燃料加工业、化学原料及化学制品
制造业、化学纤维制造业、有色金属冶炼及压延加工业则均缺乏竞争力。
其中，化学纤维制造业的产业竞争优势虽上升明显，但依然缺乏产业竞争
力，其他产业的竞争优势则变化幅度较小。

表 3 - 15　　2003 ~ 2014 年我国资本密集型产业显示性竞争优势指数值

行业	2003年	2004年	2005年	2006年	2007年	2008年	2009年	2010年	2011年	2012年	2013年	2014年
C1	− 0.16	− 0.21	− 0.18	− 0.34	− 0.26	− 0.35	− 0.26	− 0.22	− 0.23	− 0.25	− 0.19	− 0.15
C2	− 0.96	− 0.95	− 0.92	− 0.86	− 0.83	− 0.66	− 0.76	− 0.64	− 0.52	− 0.53	− 0.51	− 0.46
C3	− 3.15	− 2.71	− 2.33	− 1.51	− 0.92	− 0.52	− 0.80	− 0.49	− 0.08	− 0.27	− 0.39	− 0.13
C4	0.27	0.36	0.51	0.46	0.55	0.52	0.48	0.45	0.60	0.60	0.62	0.64
C5	0.48	0.45	0.44	0.42	0.32	0.36	0.33	0.32	0.46	0.66	0.73	0.71
C6	− 1.70	− 0.62	− 0.48	0.19	0.47	0.67	− 0.26	0.23	0.43	0.47	0.53	0.74
C7	− 0.71	− 0.53	− 0.61	− 0.42	− 0.73	− 0.68	− 1.46	− 1.10	− 0.86	− 0.99	− 0.82	− 0.74
C8	0.80	0.86	0.93	0.96	1.00	1.05	0.91	0.95	1.03	1.05	1.05	1.04
C9	0.09	0.14	0.14	0.17	0.22	0.27	0.20	0.21	0.24	0.30	0.24	0.24

资料来源：由 UN Comtrade 数据整理得到。

综合来看，资本密集型产业中，显示性竞争优势指数与显示性比较优势指数的计算结果基本一致，只有化学纤维制造业、印刷业和记录媒介的复制业的计算结果差异较大。其原因是，2003 ~ 2014 年，这两个行业的加工贸易出口额占总出口额的比例均较高，其中，化学纤维制造业平均超过 50%，印刷和记录媒介的复制业则平均超过了 60% （Hanson，2016）。由于生产中进口了大量的中间产品，经由加工组装后再用于出口，基于出口总值核算的显示性比较优势指数显然高估了这两个行业的国际竞争力。

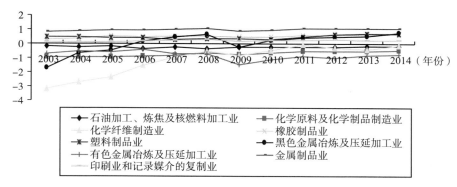

图 3 - 10　2003 ~ 2014 年我国资本密集型产业各行业显示性竞争优势指数值

资料来源：根据 UN Comtrade 数据整理得到。

三、技术密集型产业

从表 3 - 16 中的显示性比较优势指数可以看出，技术密集型产业中，通信设备、计算机及其他电子设备制造业具有很强的产业国际竞争力，其竞争力经历了一个先上升后下降的过程，从 2003 年的 2.69 增长至 2014 年的 2.94，总体趋于小幅上升。电气机械及器材制造业和仪器仪表及文化、办公用机械制造业均具有较强的产业国际竞争力。其中，电气机械及器材制造业的竞争力上升明显，从 2003 年的 1.18 上升至 2014 的 1.56，由仅具有平均产业竞争力上升至具有较强产业国际竞争力的行业。仪器仪表及文化、办公用机械制造业的竞争力则趋于小幅下降。通用设备制造业、专用设备制造业、交通运输设备制造业和工艺品及其他制造业的产业竞争力均趋于上升，但仍旧缺乏产业国际竞争力。医药制造业缺乏竞争力，且其竞争力趋于小幅下降。总体来看，除个别行业外，技术密集型产业的竞争优势并不突出，且其产业竞争力上升缓慢。具体如图 3 - 11 所示。

表 3 –16　　2003～2014 年我国技术密集型产业显示性比较优势指数值

行业	2003年	2004年	2005年	2006年	2007年	2008年	2009年	2010年	2011年	2012年	2013年	2014年
T1	0.24	0.20	0.18	0.17	0.18	0.21	0.20	0.22	0.22	0.20	0.19	0.19
T2	0.62	0.66	0.68	0.72	0.77	0.90	0.91	0.93	0.97	0.94	0.94	0.93
T3	0.40	0.39	0.42	0.46	0.49	0.59	0.56	0.57	0.61	0.63	0.65	0.67
T4	0.29	0.30	0.33	0.36	0.40	0.47	0.53	0.58	0.60	0.55	0.47	0.45
T5	1.18	1.22	1.25	1.32	1.36	1.53	1.47	1.50	1.57	1.60	1.73	1.56
T6	2.69	2.89	2.97	2.97	3.17	3.27	3.25	3.21	3.27	3.13	3.04	2.94
T7	1.57	1.60	1.66	1.62	1.75	1.74	1.64	1.62	1.62	1.62	1.55	1.45
T8	0.34	0.31	0.33	0.32	0.28	0.26	0.23	0.29	0.44	0.61	0.65	0.71

资料来源：由 UN Comtrade 数据整理得到。

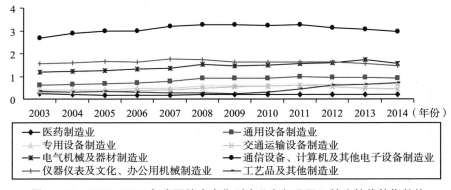

图 3 –11　　2003～2014 年我国技术密集型产业各行业显示性比较优势指数值

资料来源：根据 UN Comtrade 数据整理得到。

从表3-17中的显示性竞争优势指数可以看出,技术密集型产业中,通信设备、计算机及其他电子设备制造业的竞争优势十分突出且趋于上升。通用设备制造业的产业竞争力上升则尤为明显,由2003年的-0.49上升至2014年的0.21,从缺乏竞争优势的行业转变为具有竞争优势的行业。其他产业则均具有竞争劣势,缺乏产业竞争力。具体来看,专用设备制造业、电气机械及器材制造业的竞争优势虽上升明显,但仍然缺乏产业竞争力。医药制造业的显示性竞争优势指数下降尤为明显,从具有微弱竞争优势的行业变为具有竞争劣势的行业。交通运输设备制造业的产业竞争力先上升后下降,总体趋于下降。仪器仪表及文化、办公用机械制造业的产业竞争力基本不变。工艺品及其他制造业的竞争优势指数下降明显,从具有竞争优势的行业变为具有竞争劣势的行业。

表3-17　2003~2014年我国技术密集型产业显示性竞争优势指数值

行业	2003年	2004年	2005年	2006年	2007年	2008年	2009年	2010年	2011年	2012年	2013年	2014年
T1	0.09	0.07	0.05	0.04	0.03	0.02	0.01	0.03	-0.01	-0.06	-0.09	-0.13
T2	-0.49	-0.48	-0.38	-0.29	-0.12	-0.05	-0.06	-0.01	0.07	0.15	0.24	0.21
T3	-1.21	-1.12	-0.72	-0.64	-0.57	-0.41	-0.39	-0.55	-0.50	-0.18	-0.13	-0.16
T4	-0.10	-0.03	0.03	-0.02	0.03	0.08	0.02	0.03	0.03	-0.04	-0.12	-0.23
T5	-0.91	-0.94	-1.11	-1.20	-1.23	-0.98	-0.90	-0.61	-0.45	-0.46	-0.39	-0.44
T6	1.66	1.94	2.00	2.01	2.26	2.36	2.39	2.48	2.50	2.28	2.22	2.18

行业	2003年	2004年	2005年	2006年	2007年	2008年	2009年	2010年	2011年	2012年	2013年	2014年
T7	-0.39	-0.55	-0.64	-0.68	-0.58	-0.60	-0.48	-0.47	-0.37	-0.38	-0.32	-0.38
T8	0.21	0.20	0.18	0.21	0.17	0.13	0.13	-0.07	-0.36	-0.44	-0.92	-0.60

资料来源：由 UN Comtrade 数据整理得到。

　　以上资料表明，虽然技术密集型产品在我国制造业出口总额中所占比重已超过50%，即技术密集型产业在我国制造业出口总额中已占据主导地位，但存在出口规模上的"统计幻象"，显示性比较优势指数和显示性竞争优势指数的计算结果差异较大，尤其对于出口加工额占比平均高达80%的电气机械及器材制造业和仪器仪表及文化、办公用机械制造业而言，差异尤为显著。以上资料说明，在全球产品内分工的背景下，由于各生产环节在时间和空间上可分离程度高，且各环节要素密集程度差异显著，我国制造业通过"融入"的方式积极参与全球价值链分工，通过大规模进口高端技术和核心零部件等资本、技术密集型中间品，可以有效突破"最小努力点"的限制。利用相对丰沛的劳动力、土地等生产要素，可以专注于加工组装环节的生产。目前，从事出口导向的加工组装贸易仍是我国技术密集型行业参与国际分工的主要方式，属于技术密集型产业中的劳动密集型环节。但首先由于人力资本、制度质量等高级生产要素积累不足，经营控制等市场势力培育滞后等问题，没有形成自主研发设计能力和良好的全球营销网络；其次由于发达经济体限制中高端环节的知识流动，导致我国制造业 GVC 升级路径面临受阻的风险，依然处于全球产业价值链的低端，极易被发达国家的跨国公司或国际大买家所俘获。总体来看，我国技术密

集型产业中，除个别行业外，均缺乏竞争优势（王磊、魏龙，2018）。具
体如图 3 – 12 所示。

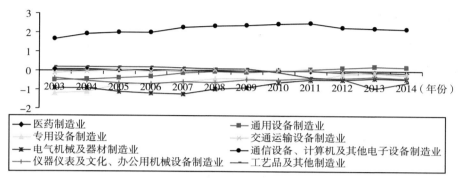

图 3 – 12　2003 ~ 2014 年我国技术密集型产业各行业显示性竞争优势指数值

资料来源：根据 UN Comtrade 数据整理得到。

四、显示性比较优势指数与显示性竞争优势指数测算结果比较

基于出口规模，从 RCA 指数和 CA 指数衡量的制造业国际竞争力总体
计算结果来看，我国制造业中，劳动密集型产业和资本密集型产业的测算
结果基本一致，但技术密集型产业的计算结果差异明显。表明我国制造业
中，劳动密集型产业和部分资本密集型产业的国际竞争力相对较高，但其
竞争力主要依赖于低技术劳动力等初级生产要素的成本比较优势，且其比
较优势随生产要素成本的上升而趋于下降。技术密集型产业则多集中于技
术成熟型行业中的加工组装等低端生产环节，处于全球产业价值链的低
端，产业附加值低，缺乏产业竞争优势。同时，由于低附加值环节进入门
槛较低，面临很多国家和地区的竞争，存在很大的挤出风险。从细分行业
的国际竞争力计算结果来看，非金属矿物制造业、化学纤维制造业、通用

设备制造业和仪器仪表及文化、办公用机械制造业的计算结果差异较大，这些行业中从事加工贸易的特征尤为显著。在低端环节的工资成本比较优势逐渐式微，而资本、技术密集型产业高端环节产业竞争力尚未形成的背景下，实现从"要素驱动""投资驱动"向"创新驱动"战略的转变，着重培育人力资本等高级生产要素，改善高端环节的技术创新能力是我国制造业形成新的产业竞争优势的重要途径。

第四节　中国制造业国际竞争力：基于出口质量的度量

一、基于豪斯曼方法测算的制造业出口技术复杂度

表 3-18 为按豪斯曼（Hausman，2005）方法测算的我国制造业各行业出口技术复杂度，从中可以发现，技术密集型产业和资本密集型产业的出口技术复杂度显著高于劳动密集型产业。从制造业内部各行业来看，劳动密集型产业中，出口技术复杂度较高的行业分别为造纸及纸制品业、文教体育用品制造业，2014 年，其值分别为 18442、18999。然而，出口额占比最高的纺织业、纺织服装、鞋、帽制造业、皮革、毛皮、羽毛（绒）及其制品业的出口技术复杂度则均较低；资本密集型产业中，出口技术复杂度较高的行业分别为：化学原料及化学制品制造业、黑色金属冶炼及压延加工业和金属制品业，2014 年，其值分别为 21149、23616、19188，恰好是资本密集型产业中出口额占比最高的三个行业；技术密集型产业中，

医药制造业、通用设备制造业的出口技术复杂度最高，2014 年，其值分别为 36052、23521，但出口份额占比最高的电气机械及器材制造业、通信设备、计算机及其他电子设备制造业的出口技术复杂度则均较低。从中可以发现，我国劳动密集型、技术密集型制造业中出口份额占比较高的行业大多技术含量相对较低，主要依靠工资成本优势带来的价格竞争，并未能通过产品技术水平提升其产业竞争力和国际分工地位。然而，资本密集型产业中，出口占比较高的行业技术复杂度相对较高，表明技术创新有力提升了资本密集型产业的出口技术复杂度和产业国际竞争力。

表 3 – 18　　　　　　　2003～2014 年我国制造业各行业出口

技术复杂度（Hausman 方法）

行业	2003 年	2004 年	2005 年	2006 年	2007 年	2008 年	2009 年	2010 年	2011 年	2012 年	2013 年	2014 年
L1	9751	10399	10393	10490	10434	9994	9469	9712	10312	10408	10680	10869
L2	9399	9860	10089	10160	10284	9860	9747	10206	10319	10285	10297	10485
L3	5758	5716	5575	5583	5549	5461	5720	5958	6111	5779	5806	6256
L4	8135	8690	8680	8842	9217	10326	10365	10831	11275	11504	11438	11677
L5	11778	12171	13334	12918	14749	14616	14429	14592	14490	13048	14074	14212
L6	17849	18408	18925	20243	19067	19894	18896	18657	18887	18375	18511	18442
L7	18669	19637	20020	18440	21518	21381	19709	19722	20151	19782	19721	18999
L8	13391	13818	14024	13580	14805	14954	14185	13825	14438	13876	13977	14365
C1	9752	8633	10098	12033	10981	11166	11363	12719	12294	12950	12037	11693
C2	19263	19789	19877	21199	21418	21364	20898	20762	20553	21104	21622	21149

续表

行业	2003年	2004年	2005年	2006年	2007年	2008年	2009年	2010年	2011年	2012年	2013年	2014年
C3	9370	10218	11214	12795	14119	13879	13052	12329	12875	13389	11600	12781
C4	17498	17738	19002	18514	19393	19584	18230	19384	20347	19590	19493	19582
C5	17800	18779	18938	19248	18421	19330	18186	18638	18909	17332	18321	17928
C6	14177	12897	14124	16669	18653	18108	17820	20159	21483	20738	21153	23616
C7	11551	13159	13695	13572	14492	16747	20154	18086	18262	18408	18040	17944
C8	16849	14901	16302	17460	17801	18471	17367	18557	18711	16934	18863	19188
C9	9410	8719	9340	9596	9497	8188	6873	7590	7597	6902	9941	8179
T1	30341	31931	33128	33239	34673	34356	26879	28377	27346	34698	35080	36052
T2	21789	23103	22782	23778	24025	24205	22806	22706	22866	23551	22811	23521
T3	22054	23761	22802	24250	23790	24097	21648	22361	23910	23186	23052	22745
T4	17310	17602	17647	16991	19158	17804	16988	15956	17639	17007	15607	17515
T5	16507	16851	17299	17612	18292	18489	17358	18787	19372	18664	18806	18846
T6	18872	19304	19881	19533	19003	18754	16915	17229	17981	17731	17203	17909
T7	21640	21699	22154	22664	24236	22198	20382	21723	23346	22792	23264	23042
T8	18258	18038	19793	21186	21348	23548	21723	19952	19764	18709	20121	19805

资料来源：由 UN Comtrade 数据、世界银行 WDI 数据整理得到。

从其变化趋势来看，2003～2014 年，绝大部分行业的出口技术复杂度都趋于上升，资本密集型产业的出口技术复杂度增长较快，尤其是黑色金属冶炼及压延加工业、有色金属冶炼及压延加工业和金属制品业的出口技术复杂度增长最快。劳动密集型产业中，皮革、毛皮、羽毛（绒）及其制品业、木材加工及木、竹、藤、棕、草制品业的增长最快。技术密集型产业中，医药制造业、电气机械及器材制造业的出口技术复杂度增长最快。但通信设备、计算机及其他电子设备制造业的出口技术复杂度趋于下降，从 2003 年的 18872 下降至 2014 年的 17909。上述数据表明，我国劳动密集型产业、技术密集型产业中出口占比较高的行业其出口技术复杂度增长相对缓慢，部分行业甚至出现了下降的趋势，而资本密集型产业中出口占比较高的行业其出口技术复杂度则相对增长较快，出口技术复杂度的增长有效提升了其产业国际竞争力。

　　我国制造业出口技术复杂度的上升可能由于以下原因所致：第一，由于产品内分工的快速发展，许多产品将不同的生产环节按要素密集度分别配置在不同国家进行生产，我国出口的技术密集型产品可能仍然处于生产过程中附加值较低的劳动密集型环节，但从出口行业和出口总额来看可能会高估我国制造业的出口技术复杂度；第二，由于全球化进程的加剧，随着以跨国公司为代表的外商资本流入和国外研发中心的建立，资本、技术等要素在全球范围内的流动性增强；第三，对于生产要素替代弹性较高的商品，可能存在要素密集度逆转，即同一商品在不同国家表现为不同的要素密集度，部分制造行业充分利用我国丰裕的生产要素进行生产；第四，受商品贸易统计分类数据的影响，统计分类中忽视了同一产品分类中产品的差异性（戴翔，2011）。

二、基于塔凯拉方法测算的制造业出口复杂度

　　以下是基于塔凯拉（Tacchella，2013）方法测算的我国制造业各行业的出口复杂度，从表 3 – 19 中可以发现，在按要素密集度划分的三大产业

中，技术密集型产业的出口复杂度最高，资本密集型产业次之，劳动密集型产业最低，与上述基于 Hausman 方法计算的出口技术复杂度结果基本一致。出口复杂度最高的行业分别为仪器仪表及文化、办公用机械制造业、电气机械及器材制造业和医药制造业，2014 年，其值分别为 4.499、2.105 和 1.812。出口复杂度最低的行业分别为食品制造业、石油加工、炼焦及核燃料加工业和纺织服装、鞋、帽制造业，2014 年，其值分别为0.228、0.243、0.440。以上数据表明，劳动密集型产业中，出口额占比较高的三个行业其技术含量相对较低，其产业国际竞争力均依赖于我国的资源禀赋优势。资本密集型行业中，出口份额占比较高的为化学原料及化学制品制造业、黑色金属冶炼及压延加工业、金属制品业，这三个行业的出口复杂度均较高，分别为 1.079、1.110 和 0.987。表明资本密集型产业由于出口商品技术含量的提升，从而提高了其产品的国际竞争力。技术密集型产业中，出口额占比最高的三个行业分别为通用设备制造业、电气机械及器材制造业、通信设备、计算机及其他电子设备制造业，其值分别为1.410、2.105、1.693，表明我国出口产品结构已经突破传统的要素禀赋框架，逐渐延伸到资本密集型产品和技术密集型产品，随着资本密集型产业、技术密集型产业中部分行业出口复杂度的提高，提高了其产品的国际竞争力，并对发达国家的资本技术密集型产品形成了一定的竞争。

表3-19　　2003~2014 年我国制造业各行业出口复杂度（塔凯拉方法）

行业	2003年	2004年	2005年	2006年	2007年	2008年	2009年	2010年	2011年	2012年	2013年	2014年
L1	0.241	0.228	0.230	0.219	0.240	0.231	0.251	0.214	0.259	0.227	0.241	0.228
L2	0.506	0.546	0.535	0.571	0.631	0.544	0.583	0.590	0.692	0.660	0.692	0.761

续表

行业	2003年	2004年	2005年	2006年	2007年	2008年	2009年	2010年	2011年	2012年	2013年	2014年
L3	0.205	0.265	0.265	0.314	0.331	0.316	0.431	0.408	0.448	0.431	0.446	0.440
L4	0.611	0.856	0.679	0.804	0.816	0.846	0.840	0.981	0.669	0.651	0.761	0.954
L5	0.289	0.276	0.248	0.256	0.406	0.337	0.424	0.410	0.515	0.435	0.490	0.491
L6	0.591	0.734	0.716	0.684	0.661	0.606	0.652	0.627	0.567	0.440	0.522	0.500
L7	3.694	2.616	3.737	1.281	2.862	2.647	2.318	2.060	2.301	1.831	2.067	1.867
L8	0.508	0.598	0.556	0.482	0.537	0.636	0.679	0.761	0.755	0.771	0.882	0.851
C1	0.530	1.060	0.683	0.491	0.529	0.524	0.212	0.229	0.214	0.188	0.226	0.243
C2	1.348	1.385	1.087	1.473	1.261	1.207	1.166	1.143	1.157	1.067	1.103	1.079
C3	1.229	1.391	1.024	1.367	1.377	1.248	1.141	1.343	1.347	1.280	1.213	1.519
C4	0.718	0.710	0.831	0.821	0.786	0.891	0.970	1.083	1.039	1.183	0.998	0.904
C5	0.514	0.613	0.569	0.500	0.458	0.525	0.497	0.459	0.564	0.456	0.506	0.448
C6	0.581	0.596	0.803	0.798	0.984	0.919	1.041	1.002	0.856	1.024	0.923	1.110
C7	0.448	0.526	0.539	0.491	0.519	0.501	0.703	0.555	0.479	0.454	0.467	0.499
C8	0.984	0.844	0.674	0.709	0.756	0.773	0.776	0.810	0.817	0.759	0.981	0.987
C9	0.288	0.237	0.238	0.320	0.333	0.266	0.322	0.279	0.314	0.366	0.469	0.485
T1	2.481	2.788	1.930	2.004	1.625	2.021	2.119	1.859	1.834	1.673	1.902	1.812
T2	1.406	1.563	1.621	1.559	1.341	1.546	1.462	1.463	1.473	1.416	1.359	1.410
T3	2.372	1.989	1.697	2.025	1.693	1.488	1.162	1.618	1.655	1.769	1.246	1.651
T4	1.426	1.465	0.922	0.721	0.934	0.894	0.903	0.988	0.968	0.928	0.942	1.135

续表

行业	2003年	2004年	2005年	2006年	2007年	2008年	2009年	2010年	2011年	2012年	2013年	2014年
T5	1.450	1.459	1.579	1.315	1.184	1.313	1.416	1.365	1.560	2.004	2.138	2.105
T6	2.036	2.054	1.819	1.700	1.689	1.878	2.193	1.725	2.209	1.858	1.521	1.693
T7	2.320	2.026	2.554	3.464	4.048	3.075	2.457	4.051	4.343	4.630	4.678	4.499
T8	0.512	0.413	0.350	0.374	0.397	0.509	0.594	0.405	0.589	0.718	0.568	0.690

资料来源：由 UN Comtrade 数据整理得到。

从其变化趋势来看，2003～2014 年我国制造业中大多数行业出口复杂度均趋于上升，总体来看，资本密集型行业增长较快，其中上升较快的行业分别为黑色金属冶炼及压延加工业、仪器仪表及文化、办公用机械制造业，2003～2014 年，其值分别从 2003 年的 0.581、2.320 上升至 2014 年的 1.110、4.499，分别增长了 91.05%、93.92%。部分行业的出口复杂度趋于下降，尤其资本密集型产业和技术密集型产业中部分行业的出口复杂度出现了下降的趋势，表现出令人担忧的发展趋势。资本密集型产业中，石油加工、炼焦及核燃料加工业、化学原料及化学制品制造业的出口复杂度下降较为明显，分别从 2003 年的 0.530、1.348 下降至 2014 年的 0.243、1.079。技术密集型产业中，四个行业的出口复杂度出现了下降的趋势，其中，医药制造业、专用设备制造业的出口复杂度下降较为明显，分别从 2003 年的 2.481、2.373 下降至 2014 年的 1.812、1.651。

三、Hausman 方法与 Tacchella 方法出口复杂度测算结果比较

从以上基于 Hausman 方法和基于 Tacchella 方法测算的出口复杂度计

算结果来看，Hausman 方法测算的我国制造业各行业出口技术复杂度总体趋于上升，表明我国大部分制造业商品的技术含量均趋于上升，其中仅有印刷业和记录媒介的复制业、通信设备、计算机及其他电子设备制造业两个行业的出口技术复杂度趋于下降。而从 Tacchella 方法测算的出口复杂度计算结果来看，虽然我国制造业整体出口复杂度趋于上升，但并没有罗德里克（Rodrik，2006）所测算的那么突出，其中有 10 个行业的出口复杂度趋于下降，尤其是技术密集型产业中，医药制造业、专用设备制造业、交通运输设备制造业、通信设备、计算机及其他电子设备制造业 4 个行业的出口复杂度均出现了下降的趋势，表现出令人担忧的发展趋势。

综合来看，无论是基于 Hausman 方法的出口技术复杂度指数，还是基于 Tacchella 方法的出口复杂度指数，其计算结果均表明：我国劳动密集型、技术密集型产业中出口占比较高的行业大多技术含量较低且增长缓慢，甚至趋于下降，均缺乏质量竞争力，而资本密集型产业中出口占比较高的行业技术复杂度相对较高且增长较快，说明通过技术水平升级提高了其产业国际竞争力。总体来看，在低端环节的初级生产要素成本比较优势逐渐式微，而在资本密集型产业、技术密集型产业高端环节产业竞争力尚未形成的背景下，实现从"要素驱动""投资驱动"向"创新驱动"战略的转变，着重培育人力资本等高级生产要素，改善高端环节的技术创新能力则是我国制造业形成新的产业竞争优势的重要途径。

第五节　本　章　小　结

首先，本章从技术创新投入和产出两个维度对我国制造业总体创新状况进行了纵向历史比较和横向跨国比较，在此基础上，考察制造业内部各行业技术创新投入、产出状况及其行业异质性。其次，对我国制造业出口商品总体结构及其内部构成进行分析。再次，运用显示性比较优势指数和显示性竞争优势指数，基于出口规模分析我国制造业国际竞争力及其行业异质性。最后，运用 Hausman 基于比较优势理论提出的出口技术复杂度计算方法和 Tacchella 基于能力理论提出的出口复杂度计算方法，基于出口质量对我国制造业各行业的国际竞争力进行测算，得出以下结论：

从技术创新投入指标来看，我国制造业研发经费支出和研发人员投入数量均增长较快，研发经费支出占 GDP 的比重和研发人员投入比例均趋于上升，接近世界平均水平，高于其他金砖国家，但仍低于世界发达国家水平。从创新产出的绝对规模来看，科技期刊论文发表数、专利申请数和商标申请数均居于世界前列，但专利密集度、人均科技论文数等相对水平仍较低，且技术含量较高的发明专利在专利申请数中所占比例仍然较低，表明我国制造业部门创新产出的质量依然较低，且各行业专利密集度和研发密集度存在较大差异，表现出显著的行业差异性。

从我国出口商品结构来看，工业制成品已占绝对主导地位。其中，劳动密集型产业所占比重进一步下降，而资本密集型产业和技术密集型产业商品出口额所占比重均趋于上升，尤其是技术密集型产业商品在出口总额中已占据主导地位。劳动密集型产业中出口额占比较高的行业分别为：纺织业、纺织服装、鞋、帽制造业和皮革、毛皮、羽毛（绒）及其制品业。其中，纺织服装、鞋、帽制造业所占比重最高，但趋于下降，纺织业和皮革、毛皮、羽毛（绒）及其制品业所占比重均有小幅上升。资本密集型产业中，化学原料及化学制品制造业、塑料制品业、黑色金属冶炼及压延加工业、金属制品业出口额所占比重较高，其中，除黑色金属冶炼及压延加工业外，其他行业所占比重均趋于下降。技术密集型产业中，通信设备、计算机及其他电子设备制造业、通用设备制造业、电气机械及器材制造业出口额所占比重最高，但通信设备、计算机及其他电子设备制造业所占比重下降较为明显，通用设备制造业和电气机械及器材制造业出口额所占比重均趋于上升。

　　基于出口规模，从显示性竞争优势指数和显示性比较优势指数衡量的产业国际竞争力来看，随着人口红利衰减、劳动力成本上升和资源环境约束凸显等因素的影响，劳动密集型产业的国际竞争力趋于下降。资本密集型产业和技术密集型产业的竞争力则趋于上升。其中，技术密集型产业国际竞争力的上升则尤为明显，从具有竞争劣势的产业逐渐转变为具有平均国际竞争力的产业。从分行业的竞争力测算结果来看，纺织业、纺织服装、鞋、帽制造业、皮革、毛皮、羽毛（绒）及其制品业、文教体育用品制造业和通信设备、计算机及其他电子设备制造业均具有很强的产业国际竞争力，即我国制造业中具有很强国际竞争力的仍然主要为劳动密集型行业，但纺织服装、鞋、帽制造业、皮革、毛皮、羽毛（绒）及其制品业和文教体育用品制造业的产业竞争力均趋于下降，仅有通信设备、计算机及其他电子设备制造业的竞争力趋于上升。资本密集型产业中，虽然橡胶制品业、塑料制品业、黑色金属冶炼及压延加工业、金属制品业的竞争优势较为突出，但多属于资源型行业，且在我国制造业出口总额中所占比例较低。虽然技术密集型产业已在我国制造业出口总额中占据主导地位，但存在"统计幻象"，仅有通信设备、计算机及其他设备制造业显示出较强的产业竞争优势，其他行业均处于竞争劣势，表明我国技术密集型产业主要通过进口中间品，然后进行加工组装并出口，加工贸易是我国技术密集型产业参与全球价值链分工的主要方式，依然处于产业价值链的低端环节。

　　基于出口质量，从出口技术复杂度和出口复杂度指标衡量的我国制造业国际竞争力来看，技术密集型产业的出口技术复杂度高于资本密集型产业和劳动密集型产业。我国出口产品结构已经突破传统的要素禀赋框架，逐渐延伸到资本技术密集型产品，并对发达国家的技术密集型产品形成了一定的竞争。基于 Hausman 方法的出口复杂度计算结果表明，2003～2014年，我国制造业中绝大多数行业的出口技术复杂度均趋于上升，只有两个行业的出口技术复杂度有所下降，其中，资本密集型行业增长相对较快。然而，基于 Tacchella 方法的出口复杂度计算结果表明，劳动密集型产业的出口复杂度虽然较低，但趋于上升。资本密集型产业和技术密集型产业的出口复杂度相对较高，但其中许多行业的出口复杂度趋于下降，尤其是技术密集型产业中，4 个行业的出口复杂度出现了下降的趋势，表现出令人担忧的发展趋势。

第四章

知识产权保护、技术引进与中国制造业技术创新

第一节　引言与文献综述

改革开放以来，我国通过实施投资驱动型和出口导向型发展战略，依靠生产要素投入的增加实现了经济的长期高速增长。然而，近年来随着我国经济逐渐步入新常态，国内人口红利渐趋消失，资源环境约束日益凸显，传统的粗放式经济发展模式难以为继。如何通过技术创新提高全要素生产率，推动经济发展方式由要素驱动型向创新驱动型转变，则是我国经济实现长期持续增长亟待解决的问题。目前，虽然我国研发投入、专利申请数量均跃居世界前列，与发达国家的技术差距不断缩小，但在部分关键性领域其差距甚至在加大，如集成电路领域等。此外，仍存在创新质量不高等一系列问题，专利申请量中技术含量较高的发明专利所占比例较低。哪些因素影响了发展中国家的技术创新绩效？知识产权保护制度和国外引进技术是否有效推动了我国制造业部门的技术创新？

严格的知识产权保护制度是否有利于激励创新，这个问题仍然在许多学者间存在争议。赫尔普曼（Helpman，1993）建立了一个包括南方和北方两个区域的动态一般均衡模型，北方从事创新，而南方模仿技术，南方实施严格的知识产权保护制度将阻碍模仿行为，抑制其技术进步。佩特拉·莫泽（Petra Moser，2013）通过对现存历史证据的研究表明，对早期发明者授予严格知识产权保护的专利政策可能会阻碍创新。相反，鼓励创新思想传播的政策，为鼓励进入和竞争而修改专利权法可能是鼓励创新的一个有效机制。与此相反，蒙代尔和古卜达（Mondal & Gupta，2006）则认为，当模仿率比较高时，发展中国家应强化知识产权保护，严峻的环境会使本地企业提高创新能力，南北方都可以从强化知识产权保护中获益。克拉默（2009）对16个东欧转型国家的实证检验表明：知识产权保护等政策变量显著地增加了技术创新产出。文豪、张敬霞（2014）等利用行业面板数据研究发现，知识产权保护显著促进了技术进步。随着市场结构趋于集中，知识产权保护主要通过促进自主创新推动技术进步。刘思明、侯鹏（2015）利用省级大中型工业企业的面板数据研究表明，强化知识产权保护提升了我国绝大多数地区的工业创新能力，知识产权保护通过激励企业自主研发、提高技术引进效果和促进FDI知识溢出等途径对我国技术创新产生正向影响。

国外技术引进是否有效促进了后发国家的技术创新，其效用的发挥是否受到其他因素的制约？金和尼尔森（Kim & Nelson，2000）认为，对先进技术的吸收模仿，作为一种有益的学习经验，将会为本国的技术创新奠定基础。林毅夫、张鹏飞（2005）认为，除自主研发外，欠发达国家可以以低廉的成本从发达国家引进适宜的技术，从而实现更高的技术创新速度。刘小鲁（2011）运用中国省级面板数据进行实证检验发现：自主研发、国外技术引进和外商直接投资均对我国创新能力的积累具有显著的正效应。金和斯图尔特（Kim & Stewart，1993）利用国家层面的时间序列数据检验发现，技术引进和国内自主研发具有很强的互补性，二者共同影响技术创新，这种互补性伴随技术发展战略从依赖、模仿向自主发展的转变逐渐减弱。阿尔伯特·胡和杰弗逊（Albert Hu & Jefferson，2005）等分析工业企业的面板数据发现，技术转让通过与国内研发的交互作用影响生产率和知识生产，国内自主研发与国内外技术转移具有显著的互补性，国内研发能力对于吸收从外部获取的技术具有极其重要的作用。哈格多恩和王宁（Hagedoorn & Ning Wang，2012）利用企业层面的面板数据研究表明，内部研发和外部研发在公司创新产出中的作用依情况而定。当内部研发投资水平较高时，内部研发投资和外部研发具有互补效应。然而，当内部研发水平较低时，内部和外部研发策略则是互相替代的。

综上所述，现有关于知识产权保护、技术引进与技术创新的研究主要集中于国家或地区层面的分析，鲜有考察不同行业间知识产权保护强度和技术引进对技术创新非线性影响的研究。与现有文献相比，本书利用我国制造业中出口额占比较高的 24 个大中型工业企业的行业数据，[①] 在以下方面进行了新的探讨：一是结合行业研发密集度分析知识产权保护对技术创新的影响机制，并实证检验行业知识产权保护对技术创新的直接影响及通过促进国外技术引进进而影响技术创新的间接机制。而现有文献并未考虑各个行业之间技术水平和研发密集度的显著差异，认为知识产权保护强度在行业间并不存在明显差异。二是从理论上分析技术引进与自主研发之间的替代效应和互补效应，基于异质吸收能力的视角解释技术引进与技术创新之间的非线性关系，并实证检验人力资本水平和研发支出存量对技术引进的门槛效应。三是利用制造业行业层面的数据，运用系统 GMM 方法分析其他因素对技术创新的影响方向及程度，从而为提高我国制造业的技术创新水平提供参考。

本章其余部分结构安排如下：第二节进行理论分析并提出研究假设；第三节设定计量分析模型，并对变量设计、数据来源及处理方法进行说明；第四节利用我国制造业中 24 个大中型工业企业的行业面板数据对以

---

① 按要素密集度划分的制造业行业分类：劳动密集型行业包括食品制造业；纺织业；纺织服装、鞋、帽制造业；皮革、毛皮、羽毛（绒）及其制品业；木材加工及木、竹、藤、棕、草制品业；造纸及纸制品业；文教体育用品制造业；非金属矿物制造业。资本密集型行业包括化学原料及化学制品制造业；化学纤维制造业；橡胶制品业；塑料制品业；黑色金属冶炼及压延加工业；有色金属冶炼及压延加工业；金属制品业；石油加工、炼焦及核燃料加工业；印刷业和记录媒介的复制业。技术密集型行业包括医药制造业；通用设备制造业；专用设备制造业；交通运输设备制造业；电气机械及器材制造业；通信设备、计算机及其他电子设备制造业；仪器仪表及文化、办公用机械制造业、工艺品及其他制造业。

上理论假设进行实证检验；第五节是本章结论。

第二节　理论分析与研究假设

熊彼特（1912）认为，"创新是把一种从来没有过的关于生产要素和生产条件的'新组合'引入生产体系"。[①] 对于技术后发国而言，除依赖前期的知识存量、投入知识生产要素进行自主研发外，还可以通过技术引进、吸引外商直接投资等方式获取外部技术资源的知识溢出效应，进而通过消化吸收、模仿改造推动技术创新，即后发国家的技术创新是一个包含自主研发和国外技术转移的知识生产函数。此外，知识产权保护制度等宏观制度变量和市场结构等产业组织因素也影响制造业部门的技术创新。

一、行业知识产权保护与技术创新

斯蒂格利茨（Stiglitz，1987）认为大部分的研发支出都是沉没成本，一旦投入就不能偿付，同时，技术研发过程面临很大的技术和市场上的不确定性，如技术本身的不成熟，技术寿命周期的缩短及企业间竞争的加剧。然而，研发知识作为一种社会准公共产品，则具有很强的知识外溢性，即存在非竞争性和部分非排他性（Romer，1990）。技术创新的私人成本和私人收益率存在不对称性，技术投资具有不完全可收益性，由此导致市场失效，创新供给不足。知识产权保护作为一种制度安排，可以有效

---

① 约瑟夫·熊彼特. 经济发展理论［M］. 北京：商务印书馆，1990.

弥补技术研发过程中产生的研发成本，并保障权利人在一定期限内的独占性权益，减少创新成果被侵权的可能性或在发生侵权模仿时得到有效的补偿。技术可专有性或可收益性的提高激励创新生产要素的投入，激发了创新主体进行研发的积极性，从而提高了企业创新的事前激励（Klemperer，1990；Gilbert & Shapiro，1990）。在上述理论分析的基础上，提出以下假设：

假设1：行业知识产权保护通过可专有收益性直接促进制造业技术创新。

知识产权保护制度通过影响外部技术转移从而间接影响技术创新。史密斯（Smith，2001）研究发现，外国较高的知识产权保护强度促进了跨国公司的对外技术转移和知识溢出。黄桂田和尹志锋（Huang & Yin，2010）研究表明，东道国实行严格的知识产权保护制度将提高其国内企业进行技术模仿的成本，降低外商技术被东道国企业模仿的概率，吸引跨国企业的生产研发投资。刘思明等（2015）认为，发展中国家较高的知识产权保护水平有利于减少技术输出国技术被剽窃和侵权的风险，有利于技术后发国引进各类先进技术，提高外资引进质量，增加学习外部转移技术的机会，从而间接促进东道国的技术创新。在上述理论分析的基础上，提出以下假设：

假设2：行业知识产权保护通过促进国外技术引进从而间接影响我国制造业技术创新。

二、国外技术引进与技术创新

虽然我国已成为世界最大的制造业大国，但装备制造业发展不足，关键核心技术与高端装备对外依存度高，与发达国家仍然存在一定的技术差距，即存在技术后发优势。在短期内，国内企业可以以较低成本从国外引进成熟的先进技术和机器设备，以此弥补自身技术不足，实现技术进步。技术引进一方面可以增加引进者的技术存量和多样性，避免重复研发投资，促进技术创新产出的增长；另一方面，引进的技术多为成熟的先进技术，可能与本国技术实现互补，在此基础上进行创新可以减少研发的风险和不确定性，降低研发成本。因此，技术引进与自主研发之间存在互补效应。然而，技术引进也会占用研发资源，挤出对于自主研发的投入，不利于创新增长。另外，当 R&D 投资的风险较大或技术要求较高时，企业自主研发的机会成本较高，大量的技术引进则会降低国内企业自主创新的需求。此外，由于发达国家为保持技术垄断地位，限制核心技术和尖端技术的转移，当技术后发国在全球分工中依赖于技术先进国所提供的包含核心技术或关键技术的中间投入品时，更容易形成对技术引进的路径依赖和刚性需求。因此，技术引进与自主研发之间也存在替代效应。

李（Lee，1996）通过对韩国制造业企业的实证研究表明，在考虑国际科技活动的交互影响时，技术引进与本国研发活动更趋向于替代关系。罗特尔梅尔和赫斯（Rothaermel & Hess，2011）认为，国内自主研发和国外研发技术由于转换成本和范围不经济可能会产生相互替代。汤萱（2016）研究发现，技术引进不仅耗费研发资源，而且容易形成路径依赖，从而抑制自主创新。与此相反，科恩和莱文塔尔（Cohen & Levinthal，1989）则认为，自主研发活动（R&D）不仅涉及创新还包含学习，研发活动的副产品是提高了企业的学习能力，反过来又提高了技术转移的效率。格里菲特、雷丁和范瑞恩（Griffit，Redding & Van Reenen，2004）指出研发既促进技术创新，也促进技术转移。沃格尔（Vogel，2015）研究发现，人力资本不仅直接影响技术创新，还影响技术扩散、技术模仿和吸收消化的能力。总之，作为发展中国家技术创新的两种重要渠道，技术引进与自主研发投入之间既存在替代效应，也存在互补效应。在上述理论分析的基础上，提出以下假设：

假设 3：国外技术引进对我国制造业技术创新具有非线性的影响。

由于引进的先进技术是针对发达国家的资源禀赋和经济技术条件而研发的，且通常是显性技术知识，而真正能推动后发国技术创新的则是显性技术知识背后的隐形技术知识，发展中国家在成功吸收引进的技术之前需要对其进行适应性改造，能否通过消化、吸收进而实现模仿创新和自主创新，还要依赖于本国的技术吸收能力。不同学者对于吸收能力的界定存在差异，即吸收能力指标具有异质性。金（Kim，2000）认为，吸收能力本身包含技术基础能力（技术存量、技术人力资本水平）和技术创新投入强度，即吸收能力既受先前知识基础的影响，也受到研发资本投入和人力资本积累的影响。本书采用狭义的吸收能力概念，即用研发资本存量和研发人力资本积累来衡量吸收能力。

国外引进技术与本国自主研发之间既存在互补效应也存在替代效应，哪一种效应占优取决于吸收能力。当技术后发国制造行业研发支出存量和研发人力资本水平较高时，吸收能力较强，互补效应大于挤出效应，国内自主研发能够与引进的先进技术进行有效联合，从而有利于提升行业的技术创新能力。然而，当技术后发国和技术先进国之间的行业技术差距较大，研发支出存量和研发人力资本水平均较低时，则吸收能力较差，技术引进对本国自主研发的替代效应大于互补效应，从而降低了行业的技术创新能力。由此，技术引进与技术后发国的技术创新之间存在非线性关系，其影响因发展中国家行业吸收能力的不同而异。在上述理论分析的基础上，提出以下假设：

假设 4：由于行业吸收能力差异，技术引进对技术创新的影响存在研发支出存量和人力资本的门槛效应。

第三节　模型设定、变量构建及数据说明

技术创新是一个新知识的生产过程，知识生产函数是国内外研究中常用的分析知识生产和技术创新的重要理论基础，并被广泛应用于相关问题的实证分析，本书在借鉴该理论的基础上设定如下计量分析模型。

一、模型设定

格瑞里茨（Griliches，1979）提出了知识生产函数的概念，他把创新过程的产出看作研发资本投入的函数。杰菲（Jaffe，1989）将知识生产函数进行了改进，其形式如下：

$$TECHIN = A(RD)^{\alpha}H^{\beta}\varepsilon \qquad (4-1)$$

其中，TECHIN 表示技术创新产出，RD、H 分别表示研发经费支出和研发人力资本投入，α 和 β 分别表示研发经费投入和研发人力资本投入的产出弹性系数，A 为常数项，ε 为随机误差项。对于 t 年 i 产业的大中型工业企业，对式（4-1）两边取对数可得：

$$lnTECHIN_{it} = \beta_0 + \beta_1 lnRD_{it} + \beta_2 lnH_{it} + \varepsilon_{it} \qquad (4-2)$$

式（4-2）中，$\beta_0 = lnA$，$\beta_1 = \alpha$，$\beta_2 = \beta$。

对于后发经济体的知识生产和技术创新而言，除 R&D 经费支出和研发人力资本等直接生产要素投入外，还可以通过知识生产的跨国溢出效应来推动技术创新。相对于自主研发，通过对国外引进技术和关键设备的消化、吸收和模仿，能够快速实现技术进步，从而提高本国的技术创新能

力。外商直接投资则通过竞争效应、示范模仿效应、人员流动效应及前后向关联效应等渠道推动一国工业产业的技术创新（Kinoshita，2001）。

由于研发投入对于技术创新的影响具有滞后性，因此，对 R&D 经费支出、研发人力资本投入均取其滞后一阶值。此外，创新产出还与其前期的知识存量和创新产出相关，因此在模型中加入被解释变量的一阶滞后项，同时也可以概括未被纳入模型中的其他省略变量，减少遗漏变量问题。由此，可将式（4-2）扩展为动态面板数据模型形式。知识产权保护通过可专有收益性机制直接影响技术创新水平，此外，知识产权保护通过影响国外技术引进从而间接影响发展中国家的技术创新能力，由此，在式（4-2）中加入行业知识产权保护与国外技术引进的交互项。

$$\ln TECHIN_{it} = \beta_0 + \beta_1 \ln TECHIN_{it-1} + \beta_2 \ln RD_{it-1} + \beta_3 \ln H_{it-1} + \beta_4 \ln TECH_{it}$$
$$+ \beta_5 FDI_{it} + \beta_6 IIPR_{it} + \varepsilon_{it} \qquad (4-3)$$

$$\ln TECHIN_{it} = \beta_0 + \beta_1 \ln TECHIN_{it-1} + \beta_2 \ln RD_{it-1} + \beta_3 \ln H_{it-1} + \beta_4 \ln TECH_{it}$$
$$+ \beta_5 FDI_{it} + \beta_6 IIPR_{it} \times \ln TECH_{it} + \varepsilon_{it} \qquad (4-4)$$

因消化吸收能力不同，技术引进对后发国家的技术创新具有非线性影响。由下文可以看出，技术引进与技术创新之间呈现 U 形关系，由此，在模型中加入技术引进的平方项（SlnTECH）。国外技术引进除直接作用于技术创新外，还经由消化吸收能力而间接作用于技术创新。由此，在模型中加入国外技术引进与研发经费支出、研发人员投入的交互项。

$$\ln TECHIN_{it} = \beta_0 + \beta_1 \ln TECHIN_{it-1} + \beta_2 \ln RD_{it-1} + \beta_3 \ln H_{it-1} + \beta_4 \ln TECH_{it}$$
$$+ \beta_5 FDI_{it} + \beta_6 IIPR_{it} + \beta_7 SlnTECH_{it} + \varepsilon_{it} \qquad (4-5)$$

$$\ln TECHIN_{it} = \beta_0 + \beta_1 \ln TECHIN_{it-1} + \beta_2 \ln RD_{it-1} + \beta_3 \ln H_{it-1} + \beta_4 \ln TECH_{it}$$
$$+ \beta_5 FDI_{it} + \beta_6 IIPR_{it} + \beta_7 \ln TECH_{it} \times \ln RD_{it} + \varepsilon_{it} \qquad (4-6)$$

$$\ln TECHIN_{it} = \beta_0 + \beta_1 \ln TECHIN_{it-1} + \beta_2 \ln RD_{it-1} + \beta_3 \ln H_{it-1} + \beta_4 \ln TECH_{it}$$
$$+ \beta_5 FDI_{it} + \beta_6 IIPR_{it} + \beta_7 \ln TECH_{it} \times \ln H_{it} + \varepsilon_{it} \qquad (4-7)$$

其中，$TECH_{it}$、FDI_{it}、$IIPR_{it}$分别表示 i 行业 t 年的技术引进费用支出、外商直接投资和行业知识产权保护强度。对式（4-6）、式（4-7）两边分别取期望，并分别对 $\ln TECH_{it}$ 求偏导可得技术引进的边际效应：

$$\frac{\partial E(\ln TECHIN_{it})}{\partial \ln TECH_{it}} = \beta_4 + \beta_7 \ln RD_{it} \qquad (4-8)$$

$$\frac{\partial E(\ln TECHIN_{it})}{\partial \ln TECH_{it}} = \beta_4 + \beta_7 \ln H_{it} \qquad (4-9)$$

技术引进对技术创新的综合影响既包括其直接影响，也包括由研发资本存量和人力资本衡量的吸收能力的间接影响，若 $\frac{\partial E(\ln TECHIN_{it})}{\partial \ln TECH_{it}} > 0$，则技术引进有利于推动本国制造行业的技术创新；若 $\frac{\partial E(\ln TECHIN_{it})}{\partial \ln TECH_{it}} < 0$，则技术引进抑制了本国制造行业的技术创新。

二、变量设计

1. 技术创新能力（TECHIN）

在已有的研究中，通常采用两种方法来度量技术创新：一种方法是通过设计指标体系从创新投入产出各个角度对技术创新进行评价；另外一种方法是由专利申请量和新产品销售收入等指标来衡量，这也是衡量创新产出最为常见的两个指标。虽然新产品销售收入衡量了技术创新转化为市场价值的能力，但并不能反映技术的自主知识产权。专利数据则具有审查严格、数据易获取的优点，也是目前技术创新相关实证研究中普遍采用的指标。由于专利申请量既包含技术含量高、原创性程度强的发明专利，也包括技术水平相对较低的实用新型和外观设计专利，本书中分别采用专利申请量（PATENT-APPL）和发明专利（INVENT）来衡量技术创新。

2. RD 为研发（R&D）经费支出

由于研发支出费用对技术创新具有累积效应，本章运用永续盘存法（PIM）对研发资本存量进行估算，计算方法如下：

$$RDS_{it} = (1 - \delta) RDS_{it-1} + RDE_{it} \qquad (4-10)$$

式（4-10）中，RDS_{it} 为 i 产业 t 年的研发资本存量，RDE_{it} 表示 i 产业 t 年大中型工业企业的研发经费支出，是一个流量的概念。δ 表示研发资本存量的折旧率，借鉴（Ang, 2011）的做法，将其设定为 15%。各个产业以 2003 年为基期的初始研发资本存量的计算方法为：$RDS_{i,2003} = RDE_{i,2003} / (\delta + g_i)$，$g_i$ 表示 i 产业的大中型工业企业在样本期内研发经费支出的年平均增长率。

3. 研发人力资本（H）

现有研究中，通常使用研发人员投入数量和研发人员全时当量来衡量研发人力资本，由于研发人员全时当量更能有效地反映研发人员的实际劳动投入，本书采用研发人员全时当量来衡量研发人力资本。

4. 行业知识产权保护（IIPR）

吉纳特和帕克（Ginarte & Park, 1997）构建的 G—P 指数是国内外常用的研究知识产权保护强度的指标，但该指数主要适用于司法制度比较健全的发达国家。针对我国尚处于转型期的实际，在 G—P 指数的基础上，韩玉雄、李怀祖（2005）引入了实际执法水平指数 F，并通过修正后的知识产权保护指数（IPR）来反映我国知识产权的实际保护水平。

$$IPR_{it} = GP_t \times F_t \qquad (4-11)$$

式（4-11）中，GP_t 即是按吉纳特和帕克方法计算的 G—P 指数，表示一国或地区 t 时期的知识产权立法强度，F_t 表示 t 时期的知识产权保护执法力度。

由于我国制造业各行业在技术水平和专利敏感度上存在显著差异，行业间知识产权保护强度也存在较大差异。借鉴尹志峰、黄阳华等学者（2014）的研究方法，用各行业大中型工业企业科技活动经费内部支出总额与行业年销售收入的比例来反映该行业的研发密集度，RDI(i) 表示 i 行业的研发密集度，以此反映各行业技术创新成果对知识产权保护的依赖程度。由修正后的知识产权保护指数（IPR）与反映行业特征的研发密集度的乘积来衡量行业知识产权保护强度（IIPR），其计算方式如下（见表 4 - 1）：

$$IIPR(i) = IPR(t) \times RDI(i) \qquad (4 - 12)$$

表 4 - 1　　　　　　　　2003 ~ 2010 年我国知识产权保护水平

年份	GP	F	IPR
2003	4. 19	0. 500	2. 095
2004	4. 19	0. 548	2. 296
2005	4. 19	0. 585	2. 451
2006	4. 19	0. 621	2. 602
2007	4. 19	0. 631	2. 644
2008	4. 19	0. 639	2. 677
2009	4. 19	0. 658	2. 757
2010	4. 19	0. 666	2. 791

资料来源：由修正后的知识产权保护指数相关指标计算得出。

5. 技术引进经费支出（TECH）

本章以引进国外技术经费支出表示，并使用固定资产价格指数将技术引进费用支出调整为按 2003 年不变价计算的实际值。技术引进存量的计算与研发支出资本存量的计算方法一致，将其折旧率设定为15%，g以大中型工业企业在样本期内技术引进费用支出的年平均增长率计算。

6. 外商直接投资（FDI）

由于统计年鉴中没有分行业的实际外资利用额，本书借鉴柴江艺等学者（2012）的研究方法，以各行业外商投资及港澳台投资企业的总资产占各行业总资产的比重来衡量。

三、数据来源及处理说明

由于《中国科技统计年鉴》中从2003年才开始统计分行业大中型工业企业研发人员的全时当量，本书选择2003年作为基期。2010年之后，《中国科技统计年鉴》则只报告规模以上工业企业创新活动的数据，而不再提供大中型工业企业创新活动的数据。考虑各变量数据的可得性和统计口径的一致性，本书将研究区间选择为2003～2010年。

本章中，专利申请量、发明专利、研发经费支出、研发人员全时当量和技术引进经费支出等指标的数据均来源于《中国科技统计年鉴》，知识产权保护数据来源于《中国统计年鉴》《中国知识产权年鉴》和《国家知识产权局专利统计年报》，外商投资及港澳台投资企业的总资产、行业总资产、工业企业总产值和企业数量等指标的数据均来源于《中国工业经济统计年鉴》，由于该年鉴中缺乏2004年的数据，2004年各变量的数据均来源于《中国经济普查年鉴》。为消除价格因素的影响，研发支出费用、技术引进经费支出、工业总产值分别用研发价格指数、固定资产价格指数和工业品出厂价格指数调整为按2000年不变价计算的实际值，各种价格指数均来源于《中国统计年鉴》。借鉴朱平芳和徐伟民（2003）等学者的做法，研发支出指数分别由固定资产价格指数、居民消费价格指数按45%

和55%的权重加权求和得到。表4－2是主要变量的描述性统计。

表4－2   主要变量的描述性统计

变量		含义	均值	标准差	最小值	最大值
被解释变量	lnpatent	各行业专利申请量的对数	7.25	1.46	2.89	10.74
	lninvent	各行业发明专利数的对数	5.86	1.64	1.95	10.27
解释变量	lnrd	各行业研发经费支出存量	13.47	1.56	8.37	16.78
	lnh	各行业研发人员全时当量	9.48	1.38	5.92	12.54
	iipr	各行业知识产权保护强度	0.021	0.013	0.002	0.064
	lntech	各行业国外技术引进费用支出的对数	12.85	1.71	8.56	15.69
	fdi	各行业外商投资额占总投资额的比重	0.36	0.15	0.07	0.73

从图4－1、图4－3可以看出，行业知识产权保护强度与专利申请量、发明专利呈正相关关系，即随着我国制造业各行业知识产权保护强度的提高，可以有效激励创新所需的生产要素投入和创新主体的研发积极性，促进以专利申请量和发明专利数衡量的技术创新水平的上升。

从图4－2、图4－4可以看出，国外技术引进费用支出与以专利申请量、发明专利数衡量的技术创新呈现U形关系，即对于吸收能力不同的行业，国外技术引进对我国制造业技术创新的影响存在明显的行业差异。若行业吸收能力较差，则会形成对国外引进技术的依赖，技术引进替代本国自主研发，抑制行业技术创新水平。若行业吸收能力较强，则在对国外引进技术进行有效消化吸收的基础上，通过自主研发和技术引进的有效联合能够提高该行业的技术创新水平。

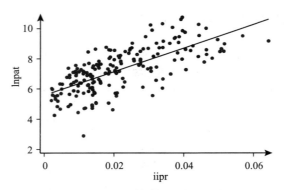

图 4 - 1　行业知识产权保护与专利申请量

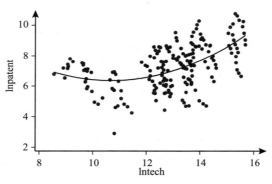

图 4 - 2　国外技术引进与专利申请量

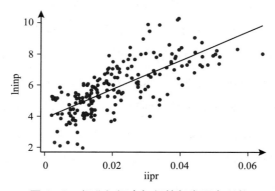

图 4 - 3　行业知识产权保护与发明专利数

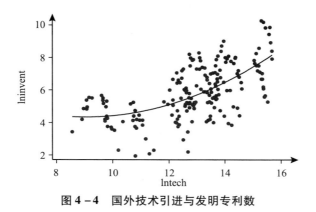

图 4 - 4　国外技术引进与发明专利数

第四节　实证检验与结果分析

一、研究方法说明

在上述模型中，由于加入了被解释变量的一阶滞后项作为解释变量，计量模型存在内生性问题。针对动态面板模型中的内生性问题，阿雷亚诺和邦德（Arellano & Bond，1991）提出了差分 GMM 估计方法，利用被解释变量和其他解释变量的差分作为工具变量进行参数估计，有效地解决了内生性问题。但当自回归系数比较高，或者面板效应的方差与随机误差项的方差比较高时，差分 GMM 估计量表现出较大的不稳定性。为解决上述问题，在差分 GMM 方法的基础上，布伦德尔和邦德（Blundell & Bond，1998）利用其他矩条件提出了系统 GMM 估计量。相比传统的参数估计方法，GMM 方法并不要求满足随机误差项同方差、无序列相关等诸多假设条件，且其所得的参数估计量也更为有效。因此，本章运用两步动态系统

GMM 方法进行参数估计。

二、回归结果分析

（一）我国制造业技术创新影响因素的估计结果

在以上知识生产函数模型的基础上，本章节以专利申请量和发明专利作为衡量技术创新产出的指标，运用系统 GMM 估计方法分别估计了各解释变量对技术创新产出的影响效果，具体结果如表 4 − 3 所示。所有模型的 Sargan 检验概率 P 值均显著大于 0.1，表明工具变量的设定是有效的。残差项一阶自相关 AR（1）的检验概率 P 值均小于 0.05，而二阶自相关 AR（2）的检验概率 P 值均显著大于 0.1，表明二阶差分方程中的残差项不存在显著的自相关问题。邦德（2002）研究指出，在含有滞后因变量的动态面板模型中，若使用 GMM 方法估计的滞后因变量的系数值介于混合 OLS 和固定效应模型（FE）估计的系数之间，则证明 GMM 估计结果是有效的。本书采用混合 OLS 法和固定效应法分别对表 4 − 3 和表 4 − 4 中的模型进行估计，发现所有因变量滞后一阶的系数估计值均介于上述两种方法之间，以上检验表明系统 GMM 的估计结果是有效的。

表 4 − 3　　　　　　　我国制造业技术创新影响因素的估计结果

变量	模型 1 （lnpatent）	模型 2 （lnpatent）	模型 3 （lninvent）	模型 4 （lninvent）
lntechin（−1）	0.6908 *** （25.14）	0.6473 *** （5.94）	0.3945 ** （2.24）	0.3551 ** （2.43）

续表

变量	模型 1 （lnpatent）	模型 2 （lnpatent）	模型 3 （lninvent）	模型 4 （lninvent）
lnrd （ −1）	0. 1914 *** （6. 98）	0. 2221 *** （2. 88）	0. 1979 ** （2. 17）	0. 2207 * （1. 76）
lnh （ −1）	0. 0992 ** （1. 81）	0. 0929 （1. 00）	0. 4741 *** （2. 73）	0. 5056 *** （4. 24）
iipr	5. 6051 * （1. 68）		11. 12 * （1. 90）	
lntech	− 0. 1012 *** （ −4. 52）	− 0. 1094 * （ −1. 82）	− 0. 2588 *** （ −3. 08）	− 0. 2839 *** （ −3. 92）
lntech × iipr		0. 6340 * （1. 74）		0. 7975 * （1. 81）
fdi	0. 4609 *** （4. 97）	0. 5175 ** （2. 39）	− 0. 7881 （ −1. 19）	− 0. 8170 （ −1. 29）
AR （1）	0. 048	0. 056	0. 025	0. 017
AR （2）	0. 655	0. 594	0. 295	0. 303
Sargan	0. 235	0. 547	0. 456	0. 224
样本量	192	192	192	192

注： *** 、 ** 、 * 分别表示在1% 、5% 、10% 的显著性水平下显著，括号内数字为 t 统计量。

在模型 1 和模型 3 中，行业知识产权保护通过直接的激励作用对以专利申请量和发明专利衡量的创新产出均具有正向影响，其系数分别为

5. 6051、11. 12，且分别在 10% 的水平下显著，假设 1 得到验证。由于衡量我国制造业技术创新成果的专利申请量指标中包括发明专利、实用新型和外观设计专利，二者之间的技术含量和原创性程度不同，其对知识产权保护的依赖程度和敏感程度也存在差异。其中，发明专利的研发难度更大，授权难度更高，其原创性程度、技术含量和经济价值也更高，对知识产权保护的敏感程度更高。而实用新型和外观设计专利的技术门槛和经济价值则较低，对知识产权保护的敏感程度相对较低。因此，知识产权保护对发明专利的创新激励效果更强，而对于实用新型和外观设计专利的激励效果则相对较小。由于我国专利申请量中技术水平相对较低的实用新型和外观设计专利所占比重超过60%，其对知识产权保护的敏感度较低，导致行业知识产权保护强度对专利申请量的总体影响相对较小。

在模型 2 和模型 4 中，行业知识产权保护和国外技术引进交互项的系数值分别为 0. 6340、0. 7975，且分别在 10% 的水平下显著。表明国内行业知识产权保护的加强，减少了技术输出国技术被剽窃和侵权的风险，有利于技术后发国接触更多的国外先进技术，提高国外引进技术的质量。同时，国内知识产权保护的强化也提高了国外技术引进的成本，强化了对于国外引进技术进行二次创新的激励。行业知识产权保护通过促进国外技术引进间接促进了制造业部门的创新绩效，假设 2 得到验证。知识产权保护对发明专利的间接影响大于其对专利申请量的影响。表 4-3 的四个模型中，技术引进的回归系数均为负值，并分别在 1% 和 10% 的显著性水平下显著，表明技术引进抑制了技术创新，这与汤萱（2016）等学者的研究结论一致。这是由于我国制造业技术水平不高，且存在"重引进、轻消化"的习惯，使本国企业没有对引进技术进行有效吸收，并形成了对国外引进技术的依赖，国外技术引进对研发投入的替代效应较大，从而抑制了创新能力。

技术创新产出的一阶滞后分别在 1% 的显著性水平上显著，表明技术创新具有累积性和传承性，前期的技术创新积累显著影响现在的技术创新水平，也说明在模型中加入技术创新的一阶滞后项是合理的。研发资本投入和研发人员投入的一阶滞后均对技术创新具有显著的正向影响，表明增加研发经费支出和研发人员投入均有效促进了我国制造业技术创新产出的增加。研发资本投入和研发人员投入的产出弹性系数均较大，表明自主研发是推动我国制造业技术创新积累最主要的途径。FDI 对技术创新的影响并不确定，目前，由于没有分行业的实际外资利用额，国内学者分别运用不同的指标来衡量产业层面的 FDI，FDI 对技术创新影响的实证研究结果也存在三种截然不同的观点，即"促进论""抑制论"和"双刃剑论"。

（二）基于异质吸收能力的技术引进门槛效应估计结果

从表 4-4 中的估计结果可以发现，知识产权保护依然对技术创新产出具有正向的影响，其对发明专利的影响显著，并分别在 10% 的水平下显著，但对专利申请量的影响不太显著。可能的原因是，由于我国制造业专利申请量中，技术含量较高的发明专利所占比例仅为 30% 左右，说明我国制造业技术创新总体质量依然较低，知识产权保护对技术含量高、原创性强的创新产出影响显著，但对技术水平较低的创新产出影响并不显著，导致其对专利申请量的影响并不显著。另外，随着《中华人民共和国专利法》和其他知识产权相关法律法规的不断修订、完善，虽然我国知识产权的立法强度已处于较高水平，名义知识产权保护水平（G—P 指数）已处于世界前列，但由于我国尚处于转型期，司法、执法与立法水平存在一定差距，知识产权保护执法力度仍然明显不足，实际知识产权保护水平依然较低。知识产权保护法律意识依然淡薄，其对技术创新投入的激励程度和对知识产权权益的保护力度仍然不足，导致其对专利申请数的影响并不明显。

表 4 – 4　　　　基于异质吸收能力的技术引进门槛效应估计结果

变量	模型 1 （lnpatent）	模型 2 （lninvent）	模型 3 （lnpatent）	模型 4 （lninvent）	模型 5 （lnpatent）	模型 6 （lninvent）
lntechin（ -1）	0.6826 *** （11.93）	0.3932 ** （2.15）	0.6881 *** （12.81）	0.3332 *** （2.58）	0.6761 *** （13.11）	0.3793 *** （3.56）
lnrd（ -1）	0.2109 *** （5.39）	0.2678 * （1.78）	0.1909 *** （5.91）	0.2142 * （1.73）	0.2116 *** （5.35）	0.2963 *** （3.54）
lnh（ -1）	0.0913 ** （1.98）	0.3874 ** （2.02）	0.0823 ** （1.98）	0.3842 *** （2.68）	0.0551 * （1.68）	0.1639 （1.13）
iipr	5.0449 （1.41）	12.20 * （1.68）	4.9222 （1.38）	2.4906 （0.31）	5.1866 （1.38）	13.95 * （1.79）
lntech	-0.1321 *** （ -3.17）	-0.4087 ** （ -2.46）	-0.1120 *** （ -3.70）	-0.4369 *** （ -3.50）	-0.1135 *** （ -3.86）	-0.3480 *** （ -4.11）
Slntech	0.0015 * （1.67）	0.0096 * （1.70）	—	—	—	—
lntech × lnrd	—	—	0.0017 * （1.82）	0.0180 *** （2.62）	—	—
lntech × lnh	—	—	—	—	0.0030 ** （2.38）	0.0197 ** （2.48）

续表

变量	模型 1 （lnpatent）	模型 2 （lninvent）	模型 3 （lnpatent）	模型 4 （lninvent）	模型 5 （lnpatent）	模型 6 （lninvent）
fdi	0.5495 *** （5.80）	− 0.1911 （− 0.24）	0.5579 *** （6.04）	− 0.1143 （− 0.15）	0.5892 *** （6.88）	0.0684 （0.13）
AR（1）	0.047	0.024	0.050	0.018	0.052	0.011
AR（2）	0.634	0.277	0.645	0.315	0.604	0.193
Sargan	0.222	0.627	0.224	0.427	0.211	0.444
样本量	192	192	192	192	192	192

注：***、**、*分别表示在 1%、5%、10% 的显著性水平下显著，括号内数字为 t 统计量。

技术引进均对技术创新具有负的抑制效应，且其影响在 1% 的水平下显著，上述结果均与表 4 - 3 的研究结论一致。技术引进的平方项系数为正，且分别在 10% 的显著性水平下显著，即技术引进与技术创新之间呈现 U 形的关系（如图 4 - 3、图 4 - 4 所示），U 形曲线所对应的拐点值分别为 44.03、21.29，假设 3 得到检验。表明由于国外技术引进和自主研发之间同时存在替代效应和互补效应，导致技术引进对技术创新具有非线性的影响。在拐点左侧，由于行业吸收能力不足，国外技术引进与自主研发之间的替代效应大于互补效应，抑制了该行业的技术创新能力。而在拐点右侧，当行业吸收能力超过一定的临界水平，互补效应大于替代效应，行业技术创新水平会随着国外技术引进的增加而形成"引进—创新—再引进—再创新"的良性循环。

由于技术引进对技术创新的影响受吸收能力的制约，技术引进通过研发资本存量和人力资本而间接对技术创新发生影响。因此，在模型 1 的基础上，分别加入技术引进与研发经费支出存量和研发人员投入的交互项，依次得到模型 3、模型 4、模型 5 和模型 6 的估计结果。国外技术引进与研发经费支出存量和研发人员投入的交互项系数均为正值，且分别在 1%、5% 和 10% 的水平下显著，说明研发经费支出存量和研发人员投入增加通过提高吸收能力可以显著改善国外技术引进对技术创新的负向影响。可以发现，国外技术引进对技术创新的整体作用效果受到行业研发经费支出存量和研发人员投入的影响，即研发经费支出存量和研发人员投入存在门槛特征。若行业研发经费支出和研发人力资本积累高于临界值（$lnrd = 65.88$、24.27，$lnh = 37.83$、17.66），则吸收能力较强，国外技术引进对技术创新的边际效应为正，即技术引进与研发经费支出存量和研发人力资本投入的正向互补效应超过了技术引进的负向抑制效应，技术引进整体促进该行业的技术创新；若行业研发经费支出和人力资本积累小于这一临界值，则消化吸收能力较弱，国外技术引进整体抑制了该行业的技术创新，假设 4 得到验证。

以上分析结果与我国技术引进的现状相一致，塞缪尔（Samuel，1997）认为，中国企业在吸收国外引进技术方面存在的主要问题在于缺乏管理和影响技术转让所必需的资源，如训练有素的科学家和工程师、研发和自动设计工具等。由于部分行业技术引进后的消化吸收能力较差，国外技术引进起初未能充分发挥其作用，在运用时往往产生低效率特征。较大的技术差距也容易形成对国外技术的依赖，不利于本国制造业部门的技术创新和生产效率提高。但随着行业研发经验和人力资本的积累，其将对出口行业的技术创新产生正向的作用。其他解释变量的系数、符号和显著性在上述 4 个模型中基本一致，前期的创新产出对技术创新具有显著的正向影响，研发经费投入和研发人力资本投入的一阶滞后均对我国制造业技术创新产出具有显著的正向影响，FDI 对技术创新的影响并不确定，这些解释变量的估计系数、符号和显著性与表 4-3 的估计结果基本一致。

（三）稳健性检验

首先，上述模型中，分别以专利申请量和发明专利量作为被解释变量衡量技术创新，行业知识产权保护通过直接和间接影响机制均提高了我国制造业的创新水平，国外技术引进对我国制造业技术创新具有非线性的影响，国外技术引进对我国制造业技术创新的影响存在吸收能力门槛效应。核心解释变量的系数、符号和显著性均未发生明显变化。其次，在基准模型的基础上，分别加入不同的交互项，核心解释变量的系数、符号和显著性也仍未发生明显变化，表明模型估计结果是稳健的。

第五节 本 章 小 结

本章在后发经济技术进步理论的基础上，利用 2003～2010 年我国制造业 24 个大中型工业企业的行业面板数据，采用两步系统 GMM 方法分别考察了我国制造业部门技术创新的影响因素。结果表明：（1）行业知识产权保护对我国制造业技术创新具有直接的正向激励效应，由于不同技术含量的创新成果对知识产权保护的敏感程度不同，其对技术含量较高的发明专利影响显著，但对专利申请量的总体影响不太显著。（2）行业知识产权保护通过促进国外技术引进从而间接影响我国制造业技术创新。（3）国外技术引进与自主研发既存在替代效应，也存在互补效应，其综合影响因吸收能力而异，技术引进与我国制造业技术创新之间呈非线性关系。（4）由于异质吸收能力的影响，国外技术引进存在以人力资本积累和研发经费支出存量衡量的吸收能力门槛效应，只有吸收能力高于门槛值的行业，技术引进才能有效提高其技术创新水平。

第五章

中国制造业技术创新与产业国际竞争力：基于出口规模的经验检验

第一节　引言与文献综述

自 2008 年爆发全球性金融危机以来，我国以劳动密集型行业为主的出口部门不仅面临发达国家经济持续萎靡不振、全球产业价值链再度转移等外部不利环境因素的影响，同时遭遇国内人口红利渐趋消失、资源环境约束凸显等一系列问题。不断高企的劳动力成本和日益严峻的资源环境约束导致我国劳动密集型行业的比较优势渐趋下降，以低端要素嵌入全球价值链的国际代工模式已难以为继。在这样的宏观经济背景下，通过实施创新驱动战略提升我国的产业国际竞争力成为国内实业界和学术界的热点话题。技术创新是否有效提升了我国制造业国际竞争力？不同技术含量的创新成果对国际竞争力的影响是否存在显著的产业差异？技术创新通过哪些渠道影响我国制造业国际竞争力？

早期的国际贸易理论探讨了外生技术进步对产业动态比较优势的影响。技术差距理论认为，各国间由于技术投资和革新能力的不同，从而存在一定的技术差距。技术领先国凭借开发新产品或工艺的能力，暂时享有出口高技术产品的优势。随着技术向模仿国的扩散转移，这种比较优势随之发生了动态变化（Posner，1961）。产品生命周期理论认为，创新产品存在生命周期，在产品创新、成熟和标准化的不同阶段，比较优势的转移导致各国的贸易地位不断发生变化（Vernon，1966）。克鲁格曼（Krugman，1979）构建了一个动态贸易模型，北方国家从事技术创新并出口新产品，而南方国家则模仿学习创新技术，当新生产技术标准化后，随着技术转移，南方国家开始从事相关产品的生产和出口。

　　新增长理论则将技术进步内生化，并认为由创新所引致的技术进步是一国获得动态比较优势的重要力量。克鲁格曼（1987）、卢卡斯（Lucas，1988）、杨（1991）分别结合"干中学"效应对行业劳动生产率、人力资本积累、产业间技术外溢和生产经验积累等因素的影响，构建了动态比较优势的理论模型。雷丁（1999）研究发现，"干中学"效应使得比较优势具有自我强化的特征，发展中国家遵循比较优势原理进行国际专业化分工，容易陷入比较优势陷阱，政府部门应通过补贴等方式培育高技术产业的动态比较优势。格罗斯曼和赫尔普曼（Grossman & Helpman，1989）构建了一个多国产品创新和国际贸易的一般动态均衡模型，研究表明，当企业由利润流所驱动的 R&D 获得成功时，该国就能够在新产品上获得比较优势。格罗斯曼和赫尔普曼（1991）构建的水平型产品创新的南北贸易模式表明，南方与北方国家的比较优势根据北方厂商创新和南方厂商模仿的速率而发生相应的动态变化。

　　国内学者对技术创新与产业国际竞争力的关系进行了实证检验。赖明勇等（1999）研究发现，技术创新对所有行业的出口竞争力均具有正向的促进作用，但其影响存在行业差异，对新兴技术密集型行业的影响更大。陈继勇、胡艺（2006）对显示性比较优势指数的分析得出，美国有竞争力的行业都是技术创新水平较高的行业，实证检验结果也表明，技术创新对贸易竞争力具有显著的影响。封伟毅等（2012）利用高新技术产业的数据发现，技术开发能力对高技术产业竞争力的影响大于技术转化能力的影响，创新环境间接影响技术开发、转化能力对高技术产业竞争力的影响。何郁冰、曾益（2013）对中国制造业面板数据的实证检验发现，自主创新是提升产业国际竞争力的基础，开放式创新则是重要路径，开放程度越高，自主研发投入对产业竞争力的影响越明显。

　　与现有文献相比，本章在以下方面进行了新的探讨：一是结合我国作为后发经济体技术创新的实际，引入同时包含国内技术研发和国外技术引进的生产率函数，分析本国技术创新对产业国际竞争力的影响机制。二是利用我国制造业行业层面的数据，分析不同技术含量创新成果对我国制造业国际竞争力的影响及其产业异质性。三是实证检验技术创新影响我国制造业国际竞争力的成本竞争机制和产品差异化机制。

本章其余部分结构安排如下：第二节分析技术创新影响产业国际竞争力的机制；第三节设定计量分析模型，并对变量设计、数据来源及处理方法进行说明；第四节利用我国制造业的数据进行实证检验；第五节是本章结论与建议。

第二节　技术创新影响产业国际
竞争力的机制分析

国际贸易新要素禀赋理论认为，除资本、劳动力和土地等传统要素投入外，技术、研发和人力资本等都是生产要素，决定一国的比较优势格局。本章借鉴多恩布什、费希尔和萨缪尔森（Dornbush，Fisher & Samuelson，1977）建立的商品连续统李嘉图模型和克鲁格曼（Krugman，1987）建立的生产经验累计指数，分析后发国家技术创新对出口产业国际竞争力的影响机制。

假设只有本国和外国两个国家，两个国家都只有一种生产要素投入，即劳动力，两国的劳动总供给分别记为 $\overline{L}$ 和 $\overline{L}^{*}$（星号表示外国）。每个国家都生产多种制造业产品，分别以 j 表示这些产品，$j \in [1, n]$，A_j 和 A_j^{*} 分别表示第 j 种产品的国内生产率和国外生产率，即单位劳动投入的产出。假设本国和外国都具有规模报酬不变的生产函数，第 j 种产品的总产出分别为：

$$Y_j = A_j L_j \qquad Y_j^* = A_j^* L_j^* \qquad (5-1)$$

令 w 和 w^* 分别表示本国和外国的工资，A_j/A_j^* 表示本国相对于外国的劳动生产率，w_j/w_j^* 表示本国相对于外国的工资率。生产单位 j 商品的成本等于单位产出所需的劳动投入乘以工资，w_j/A_j 和 w_j^*/A_j^* 分别表示本国和外国生产单位 j 产品的成本，当 $w_j/A_j \leqslant w_j^*/A_j^*$ 时，本国在 j 商品生产上具有比较优势，即：

$$\frac{w_j(t)}{w_j^*(t)} \leqslant \frac{A_j(t)}{A_j^*(t)} \qquad (5-2)$$

将两国生产的所有商品按 A_j/A_j^* 值从大到小的顺序进行排列，并按 1，2，…，n 的顺序进行编号，可得：

$$\frac{A_1(t)}{A_1^*(t)} > \frac{A_2(t)}{A_2^*(t)} > \cdots > \frac{A_{\bar{j}}(t)}{A_{\bar{j}}^*(t)} = \frac{w(t)}{W^*(t)} > \frac{A_{\bar{j}+1}(t)}{A_{\bar{j}+1}^*(t)} > \cdots > \frac{A_n(t)}{A_n^*(t)}$$

$$(5-3)$$

式（5-3）中，所有 $j < \bar{j}$ 的商品都由本国生产，而所有 $j > \bar{j}$ 的商品均由外国生产，本国和外国的贸易分工格局由此决定。本国为发展中国家，主要出口技术含量较低的劳动密集型或资源密集型产品，而外国则主要出口技术含量较高的产品。处于边界上的商品 $\bar{j}$，两个国家的生产率相等，即 $\frac{A_{\bar{j}}(t)}{A_{\bar{j}}^*(t)} = \frac{w(t)}{w^*(t)} = 1$，其贸易模式并不确定。由以上分析可以看出，本国与外国的相对生产率决定了产业比较优势或产业国际竞争力，而技术创新则是提高商品生产率的重要源泉。

由于后发国家与发达国家的技术水平存在较大差距，后发国家的技术创新不仅依靠投入大量知识生产要素进行自主研发，还通过引进国外先进技术，并在对国外技术进行消化、吸收利用的基础上，进行模仿创新和再创新，以此提高本国的技术水平和生产效率。借鉴克鲁格曼（1987）的生产经验累计指数，设生产率可表示为如下形式：

$$A_j(t) = \int_{-\infty}^{t} \left[R_j(z) + \mu(R_j(z)) R_j^*(z) \right] dz \quad 0 \leqslant \mu(R_j(z)) \leqslant 1$$

$$(5-4)$$

$$A_j^*(t) = \int_{-\infty}^{t} \left[\mu^*(R_j^*(z)) R_j(z) + R_j^*(z) \right] dz \quad 0 \leqslant \mu^*(R_j^*(z)) \leqslant 1$$

$$(5-5)$$

其中，$R_j(z)$ 表示本国的自主研发成果，$R_j^*(z)$ 表示引进的国外技术研发成果，$\mu(R_j(z))$ 表示本国对于国外引进技术的消化吸收能力，它受本国自主研发水平的制约，即是本国自主研发水平的一个单调递增函数。本国自主研发成果和消化吸收的国外研发成果共同决定了生产率水平。相应地，$\mu^*(R_j^*(z))$ 表示外国对于从本国引进技术的消化吸收能力，它也是国外自主研发水平的一个单调递增函数，即：

$$\frac{d\mu}{dR_j(z)} > 0, \quad \frac{d\mu^*}{dR_j^*(z)} > 0 \qquad (5-6)$$

对于所有 $j \geqslant \bar{j}$ 的商品，外国在该商品的生产上具有比较优势。令 $s > \bar{j}$，为大于 $\bar{j}$ 的某一商品，在该商品的生产上，$\dfrac{A_s(t)}{A_s^*(t)} < \dfrac{w(t)}{W^*(t)}$，外国作为技术领先国，其技术创新来源于自主研发，而本国既可通过自主研发提高技术创新水平，也可以在引进国外技术的基础上进行消化吸收、模仿创新。因此，对于 s 商品而言，两国的生产率函数变为如下形式：

$$A_s(t) = \int_{-\infty}^{t} \left[R_s(z) + \mu(R_s(z)) R_s^*(z) \right] dz \qquad (5-7)$$

$$A_s^*(t) = \int_{-\infty}^{t} R_s^*(z) dz \qquad (5-8)$$

则对于 s 产品，两国生产率的差距为：

$$A_s(t) - A_s^*(t) = \int_{-\infty}^{t} [R_s(z) + \mu(R_s(z))R_s^*(z) - R_s^*(z)]dz$$

$$(5-9)$$

令 $R_s(z) + \mu(R_s(z))R_s^*(z) - R_s^*(z) = 0$，则

$$\mu(R_s(z)) = 1 - \frac{R_s(z)}{R_s^*(z)} \qquad (5-10)$$

令 $y_1 = \mu(R_s(z))$，$y_2 = 1 - \frac{R_s(z)}{R_s^*(z)} \qquad (5-11)$

图 5-1 中，当 $R_s(t) > \bar{R}_j(t)$ 时，$\mu(R_s(t)) > 1 - \frac{R_s(t)}{R_s^*(t)} \qquad (5-12)$

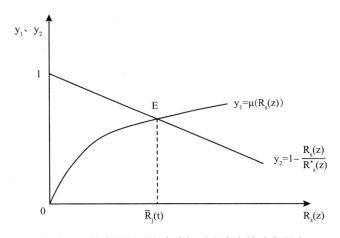

图 5-1　技术创新对国内外相对生产率的动态影响

即 $R_s(z) + \mu(R_s(z))R_s^*(z) - R_s^*(z) > 0$，可得 $A_s(t) - A_s^*(t) > 0$

$$(5-13)$$

由于 $R_s(z) + \mu(R_s(z))R_s^*(z) > 0$，$R_s^*(z) > 0$，$\qquad (5-14)$

则 $A_s(t) > 0$，$A_s^*(t) > 0$ (5-15)

由式（5-3）、式（5-13）可得，$\dfrac{A_s(t)}{A_s^*(t)} > \dfrac{A_{\bar{j}}(t)}{A_{\bar{j}}^*(t)} = \dfrac{w(t)}{w^*(t)} = 1$

(5-16)

式（5-12）中，不等式左边，随着本国在 s 商品上自主创新产出的增加，本国对国外技术创新成果的吸收能力逐渐增强；而在等式右边，本国与国外技术创新成果之比随之变大，右式逐渐变小，不等式趋于成立。当满足条件（5-16）时，s 商品的比较优势发生了动态变化，即最初本国不具有比较优势的 $s(s > \bar{j})$ 商品在本国持续技术创新的推动作用下，提高了生产率，相对于外国逐渐形成了比较优势，提高了该产业的出口竞争力。

技术创新包括工艺创新和产品创新，工艺创新指产品的生产技术的重大变革。产品创新指技术上有变化的产品的商业化，分为水平创新和垂直创新，水平创新指产品种类的增加，垂直创新则指产品质量的提高。技术创新主要通过以下两种机制影响出口产业的国际竞争力：

第一，技术创新通过提高要素生产率降低商品生产成本，形成成本竞争优势。生产函数中，在生产要素投入不变的前提下，伴随着技术创新和技术进步，必然导致生产率提高，产出增长。在生产要素成本不变的前提下，产品劳动生产率的提高降低了生产单位商品的成本，进而降低产品价格，引致国内和国际市场需求的增加。市场规模扩大，利润增加，进一步刺激企业扩大生产规模，并吸引行业外企业的进入，内在规模经济效应和外部规模经济效应进一步降低了商品的生产成本，从而通过成本竞争优势提高了产业的国际竞争力。

第二，技术创新通过产品生产多样化，产品质量的提高，形成了差异化竞争优势。在产业发展的成熟期，有效的技术创新可以开发出新的产品，增加产品品种，提高产品的性能和质量，从而加大了产品的差异性，满足了消费者的多样化需求。作为一种非价格壁垒，产品差异化使消费者对某些品牌的产品形成偏好，减少了产品之间的替代性，从而使市场结构变为非完全竞争或寡占垄断性，借此获得垄断利润，提高产业的国际竞争力。

第三节　模型设定、变量构建及数据说明

产业国际竞争力的大小受多重因素的影响，新古典贸易理论、新贸易理论等分别基于不同的研究假设对其进行理论阐释。譬如，赫克歇尔—俄林—萨缪尔森模型认为，由于国家间要素禀赋的差异，各国专业化生产并出口那些充分利用其丰裕生产要素的商品，而进口那些利用其稀缺生产要素生产的商品。迪克希特—斯蒂格利茨（Dixit-Stiglitz）模型认为，由于消费偏好多样化与生产的规模经济性之间存在两难冲突，通过国际贸易扩大市场规模，各国专业化生产差异化产品，既可以实现规模经济，又可以实现消费的多样化。克鲁格曼（1980）发展出了包括规模经济和消费多样化的新国际贸易理论。

一、模型设定

本章在借鉴上述经典国际贸易理论的基础上，将其他变量作为控制变量，着重检验技术创新对产业国际竞争力的影响。笔者将本书的计量模型设定如下：

$$ICI_{it} = \beta_0 + \beta_1 INTECHIN_{it} + \beta_2 X_{it} + \mu_i + \mu_t + \varepsilon_{it} \qquad (5-17)$$

其中，ICI 表示产业国际竞争力，INTECHIN 表示技术创新产出，X 表示其他行业特征因素，包括劳动资本比、外资参与度、企业规模、行业资产负债率和行业规模，上述变量均在计量模型中作为控制变量。μ_i 和 μ_t 分别表示行业和年度固定效应，i、t 分别表示行业和年份。

二、变量设计

（一）显示性竞争优势指数（CA）

由于显示性比较优势指数（RCA）忽略了进口因素和国内市场消费部分，显示性竞争优势指数（CA）则对其进行修正，剔除了进口因素的影响，尤其是对于大量从事加工贸易的国家，该指标更接近于产业竞争优势的实际状况，其计算公式如下：

$$CA_{it} = (E_{it}/\sum_i E_{it})/(WE_{it}/\sum_i WE_{it}) - (I_{it}/\sum_i I_{it})/(WI_{it}/\sum_i WI_{it})$$

$$= RCA_{it} - (I_{it}/\sum_i I_{it})/(WI_{it}/\sum_i WI_{it}) \qquad (5-18)$$

其中，E_{it} 表示某国 i 行业 t 年的出口额，$\sum_i E_{it}$ 表示某国 t 年的总出口额，WE_{it} 表示世界 i 行业 t 年的出口额，$\sum_i WE_{it}$ 表示世界 t 年的出口总额。I_{it} 表示某国 i 行业 t 年的进口额，$\sum_i I_{it}$ 表示某国 t 年的总进口额，WI_{it} 表示世界 i 行业 t 年的进口额，$\sum_i WI_{it}$ 表示世界 t 年的进口总额。如果 CA > 0，表明该产业具有竞争优势；如果 CA < 0，表示该产业缺乏竞争力。

（二）技术创新产出（TECHIN）

在已有的研究中，通常采用专利申请量和新产品指标来衡量技术创新。由于专利数据具有审查严格、数据易获取的优点，也反映了技术的自主知识产权，是目前衡量技术创新成果普遍采用的指标。本书中采用专利申请量（PATENT‑APPL）来衡量技术创新的成果，专利申请量中包括发明专利、实用新型和外观设计专利。

本章选取的控制变量 X 具体包括：（1）外资参与度（FDI），以各行业外商投资及港澳台投资企业的总资产占行业总资产的比重来衡量。（2）劳动资本比（L/K），即行业每万元固定资产所对应的从业人员数，以反映不同行业生产的要素密集度水平。（3）企业规模（SCE），由行业的工业总产值除以行业企业总数得到，反映企业内在规模对产业国际竞争力的影响。（4）行业资产负债率（ASDE），反映金融制度对产业国际竞争力的影响。（5）行业规模（ISAL），由行业的总销售收入来衡量，反映外部规模对产业国际竞争力的影响。中介变量包括：（1）产值成本费用率（CROV）由主营业务成本与行业生产总值的比重来衡量。（2）产品差异化（DIFF），由新产品产值占行业生产总值的比重来衡量，反映行业内产品的差异化程度。

三、数据来源及处理说明

由于《中国科技统计年鉴》中从 2003 年才开始对分行业大中型工业企业的专利数据进行统计，本书选择 2003 年作为基期。2010 年之后，由于《中国科技统计年鉴》只报告规模以上工业企业创新活动的数据，而不再提供大中型工业企业创新活动的数据。考虑各变量数据的可得性和统计口径的一致性，本书将研究区间选择为 2003～2010 年。

本章中，中国及世界各行业进出口贸易数据的分类标准为 SITC Rev. 3，数据均来源于联合国贸易统计数据库（UN Comtrade Database），参照盛斌（2002）的归类方法，将其集结为中国 36 个工业部门的进出口值。固定资产净值年平均余额、从业人员数、工业总产值、行业内企业数、产品销售收入、总资产、资产负债率、主营业务成本等指标的数据均来源于《中国工业经济统计年鉴》，2004 年各变量的数据均来源于《中国经济普查年鉴》，专利申请量、发明专利、实用新型和外观设计专利、新产品产值的数据均来源于《中国科技统计年鉴》。为消除价格因素的影响，固定资产净值年平均余额、工业总产值、产品销售收入、总资产分别用固定资产价格指数和生产者价格指数调整为按 2000 年不变价计算的实际值，各种价格指数均来源于《中国统计年鉴》。表 5 - 1 为主要变量的描述性统计。

表 5 - 1 　　　　　　　　**主要变量的描述性统计**

变量		含义	均值	标准差	最小值	最大值
被解释变量	ca	竞争优势指数	0.37	1.25	-3.15	3.57
	rca	显示性比较优势指数	1.26	0.98	0.17	3.68
解释变量	lnpat	专利申请量的对数	7.23	1.48	2.89	10.74
	lninvent	发明专利数的对数	5.86	1.60	1.95	10.27
	lnutde	实用新型和外观设计专利的对数	6.82	1.48	2.40	9.93
	fdi	外商投资额占总投资额的比重	0.35	0.15	0.07	0.73
	L/k	万元固定资产对应的从业人数	11.82	9.72	1.65	45.10
	lnsce	企业平均规模	10.66	0.74	9.60	12.86
	asde	资产负债率	0.57	0.05	0.42	0.67
	lnisal	行业销售收入	17.45	1.10	15.03	19.78
	crov	产值成本费用率	0.83	0.06	0.60	0.99
	diff	产品差异化程度	0.15	0.09	0.02	0.44

第四节　实证检验与结果分析

一、研究方法说明

在静态面板模型式（5-17）中，可根据 F 检验确定采用混合回归模型或固定效应模型，并运用 Hausman 检验确定采用固定效应模型（FE）或随机效应模型（RE）。由于传统的 Hausman 检验假定 μ_i 与解释变量均不相关，且 μ_i 与 ε_{it} 必须独立同分布。如果聚类稳健标准误与普通标准误相差较大，则传统的 Hausman 检验不再适合，需通过辅助回归检验确定模型的具体形式。根据 F 检验和辅助回归检验确定以下回归分别采用个体固定效应模型和个体随机效应模型。为检验解释变量间是否存在多重共线性，采用方差膨胀因子进行检验。结果显示，最大的方差膨胀因子为6.67，小于10，所以解释变量之间并不存在严重的多重共线性问题。

由于技术创新与产业国际竞争力之间可能存在双向因果关系，即技术创新通过提高产业生产率和提供差异化产品提升我国制造业国际竞争力。与此相对，当一国以具有竞争优势的产业参与国际贸易时，出口企业通过拓展市场规模、改变市场结构并获得超额利润，这进一步激励行业内出口企业进行技术创新，同时也为创新活动提供了相应的资金、人才和市场优势，从而使得技术创新与产业竞争优势相互促进。另外，DWH 检验也表明技术创新为内生解释变量，为避免解释变量的内生性问题，通常的做法是寻找一个与内生解释变量显著相关，而与随机误差项无关的变量作为工具变量进行两阶段最小二乘回归（2SLS），但这样的经济变量很难找到。因此，本书选择技术创新的一阶滞后项作为其工具变量。技术创新的一阶滞后与技术创新高度相关，但与误差项并不相关，因此，技术创新的一阶滞后项满足工具变量的要求。

二、回归结果与分析

（一）基准回归分析

1. 总体回归结果分析

在表 5 – 2 中，模型 1 和模型 3 的估计结果表明，专利申请量对我国制造业国际竞争力的影响为正，且分别在 5% 和 10% 的水平上显著。说明由于技术创新带来的成本竞争效应和产品差异化效应的作用，以专利申请量衡量的技术创新水平越高，我国制造业的国际竞争力就越强。当专利申请量提高 1%，显示性竞争优势指数和显示性比较优势指数分别提高了 0.3138 和 0.0792，表明其对以显示性竞争优势指数衡量的国际竞争力的影响大于以显示性比较优势指数衡量的国际竞争力的影响。模型 2 和模型 4 的估计结果表明，考虑技术创新内生性的工具变量估计结果与固定效应模型估计的结果基本一致，但用工具变量法估计的技术创新的回归系数（0.6836、0.2083）比固定效应法估计的系数（0.3138、0.0792）要大，说明如果不考虑内生性问题，可能会低估技术创新对我国制造业国际竞争力的影响。

表 5 - 2　　　　　　　对我国制造业国际竞争力影响因素估计的结果

变量	模型1（ca）	模型2（ca）	模型3（rca）	模型4（rca）
lnpat	0.3138 ** （2.50）	0.6836 *** （4.33）	0.0792 * （1.72）	0.2083 *** （2.92）
fdi	2.4013 * （2.04）	3.4450 *** （2.91）	0.9309 ** （2.34）	1.5890 *** （0.98）
L∕k	-0.0110 （-0.98）	-0.0012 （-0.07）	0.0017 （0.23）	0.0037 （0.48）
lnsce	0.8601 （1.55）	0.6986 * （1.77）	0.2660 （0.84）	0.2048 （1.15）
asde	2.2151 （1.38）	1.7656 （1.52）	0.1688 （0.26）	0.0764 （0.15）
lnisal	-0.6359 * （-1.88）	-1.1292 *** （-3.82）	-0.1663 （-1.07）	-0.3257 ** （-2.44）
constant	-1.9652 （-0.73）	5.4338 * （1.93）	0.2675 （0.17）	2.5530 ** （2.00）
行业控制	Y	Y	Y	Y
年份控制	N	N	N	N
R - square	0.3136	0.0156	0.1616	0.0062
辅助回归统计量	0.0001	0.0001	0.0009	0.0009
模型选用	FE	2SLS	FE	2SLS
样本量	200	200	200	200

注：*** 、** 、*分别表示在1%、5%、10%的显著性水平下显著，括号内数字为t统计量。面板工具变量回归中，括号内数字为z统计量。

外资渗入度的估计系数为正，且分别在1%和5%的水平上显著，表明随着开放程度的提高，外资企业是我国参与全球化分工的重要媒介。外资涌入既弥补了国内储蓄缺口，促进资本形成；也通过行业内的竞争效应、示范和模仿效应、人员培训和流动效应及前后向关联效应等显著提升了制造业国际竞争力。劳动资本比对产业国际竞争力的影响并不稳定，且其系数并不显著。企业规模对产业国际竞争力具有正向的影响，但其影响并不显著，可能由于我国制造业中企业规模总体较小，行业集中度不高，并未充分发挥企业内部规模经济效应。资产负债率对产业国际竞争力具有正向的影响，表明良好的金融制度可以增强工业企业融通资金的能力，降低企业融资成本，从而提高我国制造业国际竞争力，但其影响也并不显著。行业总销售收入对产业国际竞争力具有负的影响且并不显著，表明我国制造业总体并不存在显著的外部规模经济。

2. 异质性创新产出对我国制造业国际竞争力的影响分析

由于创新产出在技术含量、研发难度和授权标准上存在较大差异，专利申请量中既包含发明专利、也包含实用新型和外观设计专利。发明专利指对产品、方法或者其改进所提出的新的技术方案，其技术含量更高、授权标准更为严格。实用新型专利指对产品的形状、构造或者其结合所提出的适于实用的新的技术方案。外观设计专利则指对产品的形状、图案、色彩或者其结合所做出的富有美感并适于工业上应用的新设计。实用新型和外观设计专利的技术水平、授权标准则相对较低。本章分别采用发明专利（INVENT）及实用新型和外观设计专利（UTDE）来衡量不同层次技术创新成果对产业国际竞争力的影响，具体估计结果如表5-3所示。

表 5-3　不同层次创新成果对我国制造业国际竞争力影响的估计结果

变量	模型 1（ca）	模型 2（ca）	模型 3（ca）	模型 4（ca）
lninvent	0. 2020 * （2. 03）	0. 6011 ** （2. 47）	—	—
lnutde	—	—	0. 2508 ** （2. 42）	0. 4654 *** （4. 09）
fdi	1. 8227 （1. 54）	1. 3934 （1. 25）	2. 5207 ** （2. 09）	3. 1965 *** （2. 84）
L/k	− 0. 0058 （− 0. 45）	0. 0041 （0. 22）	− 0. 0126 （− 1. 14）	− 0. 0081 （− 0. 51）
lnsce	0. 9269 （1. 62）	0. 9887 ** （2. 28）	0. 8158 （1. 41）	0. 7269 * （1. 95）
asde	1. 6057 （0. 96）	1. 8391 （1. 33）	2. 0210 （1. 25）	1. 2367 （1. 16）
lnisal	− 0. 5149 （− 1. 64）	− 1. 2213 *** （− 2. 63）	− 0. 5208 （− 1. 59）	− 0. 8245 *** （− 3. 35）
constant	− 3. 2094 （− 1. 01）	5. 9825 （1. 30）	− 2. 8539 （− 0. 99）	2. 0678 （0. 93）
行业控制	Y	Y	Y	Y
年份控制	N	N	N	N
R − square	0. 2481	− 0. 0184	0. 3008	0. 1207
辅助回归统计量	0. 0000	0. 0000	0. 0000	0. 0000
模型选用	FE	2SLS	FE	2SLS
样本量	200	200	200	200

注：***、**、*分别表示在 1%、5%、10% 的显著性水平下显著，括号内数字为 t 统计量。面板工具变量回归中，括号内数字为 z 统计量。

从模型 1 和模型 3 的估计结果来看，对于技术含量和原创性程度更高的发明专利及技术含量相对较低的实用新型与外观专利设计，其估计系数均为正值，且分别在10%、5%的水平上显著，表明技术含量较高的发明专利和技术水平较低的实用新型与外观专利设计均显著提高了我国制造业的国际竞争力。模型 2 和模型 4 的估计结果表明，考虑技术创新内生性的工具变量估计结果与固定效应模型估计的结果基本一致。从估计系数来看，用工具变量估计的回归系数比固定效应估计的系数要大，且其系数的显著性更高，说明如果不考虑内生性问题，可能会低估发明专利和实用新型与外观设计专利的影响。

（二）基于分样本的分析

1. 基于要素密集度的产业异质性分析

按照行业要素密集度，我国制造业部门可划分为劳动密集型、资本密集型和技术密集型三大产业。① 由于各产业间技术水平存在较大差异，为进一步考察技术创新产出对产业国际竞争力的影响是否存在显著的行业差异，本章节分别对劳动密集型产业、资本密集型产业和技术密集型产业进行估计，结果如表 5 - 4 所示。

---

① 按要素密集度划分的制造业行业分类：劳动密集型产业包括食品制造业、纺织业、纺织服装、鞋、帽制造业、皮革、毛皮、羽毛（绒）及其制品业、木材加工及木、竹、藤、棕、草制品业、造纸及纸制品业、文教体育用品制造业、非金属矿物制造业；资本密集型产业包括石油加工、炼焦及核燃料加工、化学原料及化学制品制造业、化学纤维制造业、橡胶制品业、塑料制品业、黑色金属冶炼及压延加工业、有色金属冶炼及压延加工业、金属制品业、印刷业和记录媒介的复制业；技术密集型产业包括医药制造业、通用设备制造业、专用设备制造业、交通运输设备制造业、电气机械及器材制造业、通信设备、计算机及其他电子设备制造业、仪器仪表及文化、办公用机械制造业、工艺品及其他制造业。

表 5 – 4　基于要素密集度划分的产业国际竞争力影响因素估计结果

变量	劳动密集型产业		资本密集型产业		技术密集型产业	
	模型 1（ca）	模型 2（ca）	模型 3（ca）	模型 4（ca）	模型 5（ca）	模型 6（ca）
lnpat	0.1382 (1.53)	0.9322 (1.32)	0.5567** (3.23)	0.6907*** (3.50)	0.2273*** (2.72)	0.2146 (1.05)
fdi	0.3756 (0.30)	2.6682 (0.74)	5.7390* (2.16)	5.1853** (2.30)	2.1208* (1.76)	2.8345*** (2.98)
L/k	0.0234* (2.18)	0.0322 (0.72)	0.0056 (0.11)	0.0153 (0.30)	−0.0290* (−1.63)	−0.0416*** (−3.16)
lnsce	0.9536*** (3.65)	−0.1461 (−0.12)	1.3751 (1.78)	2.0452*** (2.61)	−0.7341 (−1.46)	−1.3107*** (−2.73)
asde	−3.6965** (−2.53)	2.7246 (0.43)	4.1462 (1.77)	2.0941 (1.07)	−1.2193 (−0.99)	−0.7848 (−0.86)
lnisal	−0.6014*** (−4.56)	−1.0540* (−1.65)	−1.1875* (−1.96)	−1.8208*** (−3.40)	0.0356 (0.16)	0.3762 (0.84)
constant	−3.0315 (−1.38)	1.7120 (0.24)	−2.3481 (−0.69)	1.7342 (0.39)	7.2156*** (3.51)	5.3582** (1.97)
行业控制	Y	Y	Y	Y	Y	Y
年份控制	N	N	N	N	N	N
R – square	0.3347	−0.0175	0.5124	0.3992	0.4783	0.5176
辅助回归统计量	0.0964	0.0964	0.0111	0.0111	0.7373	0.7373
模型选用	FE	2SLS	FE	2SLS	RE	2SLS
样本量	64	64	72	72	64	64

注：***、**、*分别表示在1%、5%、10%的显著性水平下显著，括号内数字为 t 统计量。面板工具变量回归中，括号内数字为 z 统计量。

模型 1、模型 3 和模型 5 的估计结果均表明，技术创新的估计系数均为正值，其对劳动密集型产业的影响并不显著，但对资本密集型产业和技术密集型产业的影响显著，且分别在 1%、5% 的水平下显著，表明以专利申请量衡量的技术创新显著提升了资本密集型产业和技术密集型产业的国际竞争力，其对资本密集型产业的影响尤其较大。对技术密集型产业而言，技术创新的估计系数也均为正值，但其显著性水平存在差异，工具变量回归结果的系数并不显著。出现这一结果的原因可能在于，我国技术含量较高的劳动密集型制造业发展不足，而传统劳动密集型产业则更多地依赖非熟练劳动力投入，导致技术创新对我国劳动密集型制造业国际竞争力的影响不显著；而技术密集型产业则需采用复杂先进而又尖端的科学技术才能进行生产。目前，虽然我国研发经费支出、专利申请数量均跃居世界前列，与发达国家的技术差距不断缩小，但部分关键性领域差距甚至在加大。此外，创新质量不高、高层次熟练劳动力缺乏也导致技术创新对技术密集型产业竞争力的影响不太显著。

外资渗入程度对制造业国际竞争力具有正向的影响，其对劳动密集型产业的影响并不显著，但对资本密集型产业和技术密集型产业的影响分别在 1%、5% 和 10% 的水平下显著，表明外资通过资本效应和技术溢出效应显著提升了资本密集型产业和技术密集型产业的国际竞争力。对于劳动密集型产业，劳动资本比的系数为正值且较大，反映了劳动密集型产业的特点，大量的非熟练劳动力供给降低了工资成本，进而提高了劳动密集型产业的国际竞争力；对资本密集型产业而言，劳动资本比的系数虽为正数，其系数较小且并不显著。但对于技术密集型行业来说，劳动资本比的系数为负数，表明在生产技术和商品价格不变的情况下，资本要素相对供给下降，降低了产业国际竞争力。企业规模对劳动密集型产业的影响并不稳定，但对资本密集型行业具有正向影响，且在 1% 的水平下显著，表明资本密集型产业存在企业内部规模经济，通过扩大企业规模可以提升其国际竞争力，对技术密集型产业而言，企业规模的估计系数为负。资产负债率对产业国际竞争力多数具有正向的影响，表明良好的金融制度可以降低企业的融资成本，从而提高我国制造业的国际竞争力，但其影响并不显著。行业总销售收入对劳动密集型产业和资本密集型产业均具有负的影响，虽然对技术密集型行业具有正向的影响，但并不显著，表明劳动密集型产业和资本密集型行业并不存在外部规模经济，但技术密集型行业具有外部规模经济效应。

2. 异质创新产出对不同要素密集型产业国际竞争力的影响

在表 5 – 5 中，分别考察技术含量较高的发明专利对劳动密集型、资本密集型和技术密集型三大产业国际竞争力的影响。对劳动密集型产业而言，发明专利的影响并不显著，且其符号并不稳定，表明技术含量较高的发明专利并没有有效提升劳动密集型产业的国际竞争力。可能的原因是，劳动密集型商品相对技术含量较低，行业专利密集度和研发密集度均较低。该产业更倾向于通过规模化生产来降低产品生产成本和价格，并通过价格竞争方式来提升产业国际竞争力，估计结果也表明行业内企业平均规模对于劳动密集型商品的国际竞争力具有显著的正向影响。然而，对于资本密集型产业和技术密集型产业而言，发明专利的估计系数均为正值，并分别在5%和1%的水平上显著，表明技术含量较高的发明专利有效提升了资本密集型产业和技术密集型产业商品的国际竞争力。并且发明专利对资本密集型产业的影响大于技术密集型产业，可能是由于我国创新质量层次不高，高层次人力资本储备不足，导致发明专利对技术密集型产业国际竞争力的影响相对较小。

表 5 – 5　　　发明专利对不同要素密集度性产业国际竞争力的影响

变量	劳动密集型产业		资本密集型产业		技术密集型产业	
	模型 1（ca）	模型 2（ca）	模型 3（ca）	模型 4（ca）	模型 5（ca）	模型 6（ca）
lninvent	0.0037 (0.06)	-0.1125 (-0.10)	0.5778 ** (2.32)	0.7370 *** (2.73)	0.2247 ** (2.83)	0.2279 ** (2.30)
fdi	-0.0962 (-0.07)	-0.5918 (-0.27)	6.5120 * (1.90)	5.3723 ** (2.22)	1.3450 (1.32)	1.4921 * (1.84)
L/k	0.0210 * (2.07)	0.0175 (0.88)	0.0113 (0.20)	0.0420 (0.82)	-0.0182 (-1.51)	-0.0304 ** (-2.18)
lnsce	1.1216 *** (4.73)	1.1476 *** (2.73)	0.9749 (1.34)	1.6714 ** (2.04)	-0.5451 (-1.19)	-0.9276 * (-1.80)
asde	-4.9732 ** (-2.40)	-4.5727 (-0.51)	3.8725 (1.78)	3.3493 (1.56)	-1.3230 (-0.98)	-0.6746 (-0.77)
lnisal	-0.6067 ** (-2.98)	-0.4654 (-0.33)	-1.0089 (-1.72)	-1.7118 *** (-3.05)	-0.0547 (-0.23)	0.1577 (0.44)
constant	2.6567 (0.90)	0.6307 (0.04)	-0.6596 (-0.19)	3.5185 (0.61)	5.6672 ** (2.91)	5.6465 *** (2.77)
行业控制	Y	Y	Y	Y	Y	Y
年份控制	N	N	N	N	N	N
R – square	0.2806	0.2300	0.4868	0.3784	0.5395	0.5363
辅助回归统计量	0.0000	0.0000	0.0000	0.0000	0.0002	0.0002
模型选用	FE	2SLS	FE	2SLS	FE	2SLS
样本量	64	64	72	72	64	64

注：*** 、 ** 、 * 分别表示在 1% 、5% 、10% 的显著性水平下显著，括号内数字为 t 统计量。面板工具变量回归中，括号内数字为 z 统计量。

在表5-6中，分别考察技术含量较低的实用新型和外观设计专利对劳动密集型、资本密集型和技术密集型三大产业国际竞争力的影响。对劳动密集型产业和资本密集型产业而言，实用新型和外观设计专利的估计系数为正值，并分别在1%、5%、10%的水平上显著，表明对于产品的形状、构造、图案、色彩或其结合的适于应用的新方案、新设计，有力地提升了劳动密集型产业和资本密集型产业的国际竞争力。考虑创新产出内生性的工具变量估计结果与固定效应模型估计的结果基本一致。从发明专利和实用新型与外观设计专利的估计系数来看，用工具变量估计的回归系数比固定效应估计的系数要大，且其系数的显著性更高。但实用新型和外观设计专利对技术密集型产业国际竞争力的估计系数并不显著，且其符号并不稳定，可能的解释是，技术密集型产业出口商品的竞争对于技术质量的要求更高，更依赖于高质量层次技术创新成果，低技术层次的创新成果并不能有效提高其国际竞争力。

表5-6　　　　实用新型和外观设计专利对不同要素密集度性

产业国际竞争力的影响

变量	劳动密集型产业		资本密集型产业		技术密集型产业	
	模型1 （ca）	模型2 （ca）	模型3 （ca）	模型4 （ca）	模型5 （ca）	模型6 （ca）
lnutde	0.1354 * （2.01）	0.3930 *** （2.60）	0.4047 ** （2.95）	0.5863 *** （3.11）	0.1489 （1.84）	-0.2968 （-0.41）
fdi	0.1965 （0.17）	1.4739 （0.82）	5.2072 * （1.92）	5.2088 ** （2.20）	2.2683 * （1.97）	0.4751 （0.14）

续表

变量	劳动密集型产业		资本密集型产业		技术密集型产业	
	模型 1 （ca）	模型 2 （ca）	模型 3 （ca）	模型 4 （ca）	模型 5 （ca）	模型 6 （ca）
L/k	0.0198 * (2.30)	0.0110 (0.46)	0.0116 (0.21)	0.0146 (0.28)	− 0.0292 (− 1.57)	− 0.0463 *** (− 2.78)
lnsce	1.1061 *** (3.95)	0.5218 (0.91)	1.5454 * (1.94)	2.1968 *** (2.71)	− 0.8874 (− 1.65)	− 1.8955 ** (− 2.51)
asde	− 3.7021 * (− 2.21)	− 0.4225 (− 0.15)	3.9615 (1.41)	1.6035 (0.80)	− 1.6165 (− 1.38)	− 1.1369 (− 0.85)
lnisal	− 0.7963 *** (− 4.98)	− 0.8517 *** (− 2.76)	− 1.0396 (− 1.84)	− 1.7020 *** (− 3.11)	0.2077 (0.83)	1.3527 (1.07)
constant	4.3733 ** (2.42)	7.4094 ** (2.01)	− 5.3868 (− 1.42)	− 0.7673 (− 0.18)	5.0273 ** (2.65)	− 0.4320 (− 0.05)
行业控制	Y	Y	Y	Y	Y	Y
年份控制	N	N	N	N	N	N
R − square	0.4116	− 0.0035	0.4842	0.3569	0.4303	0.3115
辅助回归统计量	0.0000	0.0000	0.0000	0.0000	0.0000	0.0000
模型选用	FE	2SLS	FE	2SLS	FE	2SLS
样本量	64	64	72	72	64	64

注：***、**、* 分别表示在 1%、5%、10% 的显著性水平下显著，括号内数字为 t 统计量。面板工具变量回归中，括号内数字为 z 统计量。

综合表 5 – 5 和表 5 – 6 的估计结果来看，对于劳动密集型产业的出口商品，技术含量较低的实用新型和外观设计专利有效提高了其产业国际竞争力，但技术含量较高的发明专利对其影响并不显著。对于资本密集型产业的出口商品，发明专利、实用新型和外观设计专利均有效提高了其产业国际竞争力，且其估计系数大于劳动密集型产业和技术密集型产业商品。对于技术密集型产业的出口商品，技术含量较高的发明专利显著提升了其国际竞争力，但实用新型和外观设计专利的影响并不显著。

（三）影响机制的检验

根据上文分析，技术创新通过两个机制来影响产业国际竞争力，即成本竞争机制和产品差异化机制。本书分两个步骤对其作用机制进行实证检验：第一步，分别验证技术创新对行业成本费用和产品差异化程度的影响；第二步，分别验证行业成本费用和产品差异化程度对产业国际竞争力的影响。具体检验结果如表 5 – 7 所示。

表 5 –7　　　　　　　　成本竞争机制和产品差异化机制的检验

变量	模型 1（crov）	模型 2（ca）	模型 3（diff）	模型 4（ca）
lnpat	– 0. 0112 ** （ – 2. 75）	—	0. 0114 *** （2. 79）	—
crov	—	– 0. 7520 （ – 0. 51）	—	—
diff	—	—	—	2. 8563 ** （2. 17）

续表

变量	模型 1（crov）	模型 2（ca）	模型 3（diff）	模型 4（ca）
fdi	0.1125 * (1.87)	1.9121 (1.55)	0.0167 (0.28)	1.8251 (1.53)
L/k	−0.0006 (−0.69)	−0.0087 (−0.67)	−0.0003 (−0.33)	−0.0075 (−0.58)
lnsce	0.0302 (1.57)	0.7836 (1.36)	0.0335 (1.65)	0.6729 (1.16)
asde	0.0003 (0.17)	0.0089 (0.47)	−0.0012 * (−1.93)	0.0132 (0.70)
lnisal	0.0106 (0.79)	−0.1306 (−0.58)	−0.0073 (−0.53)	−0.1569 (−0.64)
constant	0.3511 (1.34)	−6.1492 (−1.34)	−0.0907 (−0.80)	−5.8036 (−1.43)
行业控制	Y	Y	Y	Y
年份控制	N	N	N	N
R − square	0.1100	0.1930	0.3789	0.2183
辅助回归统计量	0.0009	0.0000	0.0000	0.0000
模型选用	FE	FE	FE	FE
样本量	200	200	200	200

注：*** 、** 、* 分别表示在1%、5%、10%的显著性水平下显著，括号内数字为 t 统计量。面板工具变量回归中，括号内数字为 z 统计量。

模型 1 的估计结果表明，技术创新的系数为负，并且在 5% 的水平上显著，表明由于行业生产率的提高和规模经济效应的发挥，以专利申请量衡量的技术创新水平越高，我国制造业的生产成本越低。从模型 2 的估计结果来看，成本费用的估计系数为负但并不显著，说明成本费用的下降虽然提升了我国制造业在国际市场上的竞争力，但并不具有显著的统计意义，成本竞争机制不是提升我国制造业国际竞争力的显著渠道。模型 3 的估计结果表明，技术创新的系数为正，并且在 1% 的水平上显著，表明技术创新水平越高，我国制造业产品的差异化程度就越高。从模型 4 的估计结果来看，差异化程度的估计系数为正，并且在 5% 的水平上显著，表明技术创新带来的产品差异化机制是提升我国制造业国际竞争力的显著渠道。出现以上结果的可能原因是，由于我国人口红利渐趋消失，依靠低廉的劳动力成本优势，通过大规模生产同质产品的价格竞争模式渐趋式微。从我国制造业的出口结构来看，劳动密集型产品所占比重急剧下降，而技术密集型和资本密集型产品已占据我国制造业出口的主导地位，技术创新主要通过生产多样化的产品，提升产品质量和性能，从而提升产业国际竞争力。

（四）稳健性检验

为保证估计结果的稳健性，本章采用两种方式来进行稳健性检验：

（1）以显示性比较优势指数（RCA）为被解释变量，衡量产业国际竞争力，并分别对劳动密集型产业、资本密集型产业和技术密集型产业进行估计，具体估计结果如表 5 - 8 所示。

表 5 – 8   基于要素密集度划分的产业国际竞争力影响因素估计结果

变量	劳动密集型产业		资本密集型产业		技术密集型产业	
	模型1 （rca）	模型2 （rca）	模型3 （rca）	模型4 （rca）	模型5 （rca）	模型6 （rca）
lnpat	0.0469 (0.84)	0.4141 (1.32)	0.1715 ** (3.25)	0.1817 ** (2.29)	0.0486 (0.85)	0.0013 (0.01)
fdi	0.1015 (0.15)	1.3600 (0.87)	1.6221 ** (2.57)	1.4570 (1.61)	0.5620 (0.97)	1.0166 ** (2.02)
L/k	0.0322 *** (4.51)	0.0365 ** (2.15)	– 0.0166 (– 1.18)	– 0.0042 (– 0.21)	0.0081 (1.24)	– 0.0090 (– 1.37)
lnsce	0.8893 *** (3.74)	0.0234 (0.04)	0.2455 (0.87)	0.5619 * (1.78)	– 0.6307 ** (– 2.79)	– 1.1056 *** (– 4.25)
asde	– 2.4117 *** (– 3.47)	1.2461 (0.39)	0.1511 (0.12)	– 0.4319 (– 0.55)	0.2354 (0.50)	0.4544 (1.01)
lnisal	– 0.4716 *** (– 4.77)	– 0.5119 * (– 1.78)	– 0.3200 (– 1.46)	– 0.5179 ** (– 2.40)	0.3819 ** (2.53)	0.6810 *** (2.75)
constant	– 3.0364 * (– 1.88)	0.9860 (0.29)	2.0948 (1.15)	2.3089 (1.29)	0.1152 (0.06)	0.1557 (0.11)
行业控制	Y	Y	Y	Y	Y	Y
年份控制	N	N	N	N	N	N
R – square	0.3666	0.0190	0.3016	0.2298	0.6571	0.6936
辅助回归统计量	0.3785	0.3785	0.0000	0.0000	0.0259	0.0259
模型选用	RE	2SLS	FE	2SLS	FE	2SLS
样本量	64	64	72	72	64	64

注：***、**、* 分别表示在1%、5%、10%的显著性水平下显著，括号内数字为 t 统计量。面板工具变量回归中，括号内数字为 z 统计量。

模型 1 和模型 3 的估计结果均表明，技术创新的估计系数为正，其对资本密集型产业的影响显著，且在 5% 的水平上显著，但对劳动密集型产业和技术密集型产业的影响并不显著，表明技术创新有力地提高了资本密集型产业的国际竞争力，但对劳动密集型产业和技术密集型产业国际竞争力的影响并不显著。模型 2 和模型 4 的估计结果表明，考虑技术创新内生性的工具变量估计结果与固定效应模型估计的结果基本一致。异质性创新成果对以显示性比较优势指数（RCA）衡量的产业国际竞争力的估计结果与上文结论基本一致，为节省篇幅，未在文中一一进行汇报。

（2）采用不同的指标来衡量技术创新。本书中首先采用专利申请量来衡量我国制造业的技术创新水平，根据专利申请量中技术含量、研发难度和授权标准的不同，分别用技术含量最高、研发难度最大、授权标准最高的发明专利，以及技术门槛相对较低、授权可能性更大的实用新型和外观设计专利来衡量我国制造业中不同质量层次的创新成果，并分别以其为解释变量，考察对我国制造业国际竞争力的影响及其产业异质性，结果如表 5 - 3、表 5 - 5、表 5 - 6 所示。总之，稳健性检验的结果与上文基本一致。

第五节　本 章 小 结

本章结合后发国家技术创新的实际，引入包含国内自主研发和国外技术引进的生产率函数，分析技术创新对产业国际竞争力的影响机制。并利用 2003～2010 年我国制造业的行业面板数据，采用静态面板估计方法和工具变量法，分别考察不同技术含量创新成果对我国制造业国际竞争力的影响、产业异质性及其作用机制。结果表明：（1）以专利申请量衡量的技术创新显著提升了我国制造业国际竞争力，但其影响存在产业异质性，对资本密集型产业的国际竞争力具有显著的正向影响，但对劳动密集型产业和技术密集型产业的影响并不显著。（2）对于劳动密集型产业，技术含量较低的实用新型和外观设计专利有效提高了其产业国际竞争力，但技术含量较高的发明专利的影响并不显著。对于资本密集型产业，发明专利、实用新型和外观设计专利均显著提高了产业国际竞争力，且其影响大于劳动密集型产业和技术密集型产业。对于技术密集型产业，技术含量较高的发明专利显著提升了其国际竞争力，但实用新型和外观设计专利的影响并不显著。（3）技术创新主要通过产品差异化机制提升我国制造业国际竞争力，而经由成本费用下降带来的成本竞争机制对制造业国际竞争力的提升在统计上并不显著。

第六章

中国制造业技术创新与产业国际竞争力：基于出口质量的经验检验

第一节　引言与文献综述

自从加入世界贸易组织以来，我国出口贸易规模实现了大幅增长，从 2002 年的 3255.96 亿美元上升至 2014 年的 23422.93 亿美元，其中，工业制成品所占比例由 2002 年的 91.23% 上升至 2014 年的 95.19%。[①] 可以发现，工业制成品在我国出口贸易总额中占据了绝对主导地位。在我国出口规模实现高速增长的同时，制造业出口商品是否提高了技术含量及其在全球价值链中的分工地位。针对这一问题，近年来，许多学者从"出口规模"转向了对于"出口质量"的研究，出口技术复杂度成为研究的热点之一。

目前，关于产品出口技术复杂度的研究主要集中于以下几个方面：一是出口技术复杂度的计算方法。按指标构造方式划分，出口复杂度测度可分为相似指标和收入指标。麦克利（Michaely，1984）提出了贸易专业化指标，由所有出口某产品的出口国的人均收入的加权平均值计算得到，权重为各出口国的出口额占全世界该产品出口总额的比重。拉奥（Lall，2006）提出了用每一种商品的出口信息和出口国家的人均收入来计算复杂度的方法，由出口国人均收入和每一国家在世界出口中的份额加权平均可以计算出每一种商品的复杂度。为了保证一些贫穷小国和经济体的出口被赋予足够的权重，豪斯曼（2007）提出由出口国人均收入和每一种商品的显示性比较优势指数加权平均计算商品的出口技术复杂度。

---

① 根据中国统计年鉴数据整理得到。

二是对于中国出口技术复杂度的测算及其"异常性"检验。罗德里克（Rodrik，2006）认为，中国出口商品的复杂度远高于与其本国收入相对应的水平，可能进一步占据高收入产品的出口。肖特（Schott，2008）发现中国和发达国家在出口商品结构上是高度重合的，但在出口价格上较少重合。发达国家主要通过提高商品质量和发展中国家进行竞争。与上述研究结论相反，阿什和甘尼斯（Assche & Gangnes，2010）发现，并没有证据表明中国的电子工业生产具有比人们预期的与其发展水平相比更高的复杂度，也没有证据表明中国已经快速升级到具有更高复杂度的产品的生产中。许斌（2010）认为由于没有充分考虑产品质量因素导致对中国出口技术复杂度估计过高，同时过低估计了中国沿海地区出口复杂商品的能力，由此在跨国比较中得出了中国出口技术复杂度表现异常的结论。如果综合考虑这些因素，中国的出口技术复杂度并不突出。

三是对于出口技术复杂度影响因素的分析。豪斯曼（2007）研究发现，人均 GDP、人口规模、人力资本和法治指数均对出口技术复杂度具有正向的影响，而土地面积对出口技术复杂度则具有负向的影响。祝树金和傅晓岚（2013）的研究表明，资本深化、知识生产、教育和研发投资中的技术转移、外商直接投资和进口都可以提升国家的出口技术复杂度。戴翔、金碚（2014）利用跨国数据发现，制度质量的完善对于提升出口技术复杂度具有显著的正向影响，融入产品内国际分工程度及其与制度变量的交互作用对出口技术复杂度也同样具有显著的促进作用。王正新、朱洪涛（2017）实证检验表明，创新效率对出口技术复杂度的提升效应明显；贸易开放度作为转换变量时，创新效率影响高技术产业出口技术复杂度的程度显著高于金融发展水平作为转换变量时的结果。毛其淋、方森辉（2018）研究发现，企业研发显著促进了出口复杂度的提升，并且地区知识产权保护强化了企业研发对出口技术复杂度的提升作用。异质性分析发现，一般贸易企业和混合贸易企业的研发有助于提升其出口技术复杂度；本土企业研发对其出口技术复杂度的提升作用弱于外资企业，且国有企业属性进一步降低了该提升作用。

与现有文献相比，本章在以下方面进行了新的探讨：一是结合我国制造业出口结构特征，对制造业各行业的出口技术复杂度及其行业异质性进行分析比较。二是基于创新价值链理论，利用我国制造业行业层面的数据，实证分析以专利申请量衡量的创新产出对我国制造业出口技术复杂度的影响、产业异质性以及知识产权保护强度和技术成果转化效率的调节效应。三是利用分位数回归模型分析创新产出对制造业出口技术复杂度不同分位点上的影响及其差异。

本章其余部分结构安排如下：第二节为理论分析，分析制造业出口技术复杂度的影响因素及知识产权保护强度和技术成果转化效率的调节效应；第三节设定计量分析模型，并对变量设计、数据来源及处理方法进行说明；第四节利用我国制造业的行业面板数据进行实证检验；第五节是结论与政策建议。

第二节 理 论 分 析

本章借鉴豪斯曼（2007）提出的企业成本发现模型，出口部门的生产率水平可表示为如下形式：

$$\frac{E(Y)}{L} = \frac{1}{2} B \left[1 + \left(\frac{\mu m}{1 + m} \right)^2 \right] \left(\frac{K}{L} \right) \left(\frac{N}{L} \right) \tag{6-1}$$

其中，Y 表示产出，L、K、N 分别表示劳动投入、资本投入和自然资源，

B 由一国的技术禀赋决定，B = f（D、F、I），是内部知识（D）、外部知识（F）和制度质量（I）等因素的一个函数，B 越大表示该经济体前沿生产水平越高，$\mu(0 < \mu < 1)$ 为生产率水平最高产品的技术外溢系数，m 表示行业中从事新产品开发的企业数量。K/L 表示人均资本，N/L 表示人均自然资源。

从式（6 - 1）中可以看出，出口企业的生产率水平取决于一国的技术禀赋（内部知识、外部知识）、制度质量、人均资本、人均自然资源禀赋和从事新产品开发的企业数量以及技术外溢系数等因素。根据异质性企业理论（Melitz，2003），一国中只有生产率最高的企业才会选择通过出口和对外直接投资进入国际市场，生产率居中的企业会选择在国内销售，而生产率最低的企业则会退出市场。由此，可将出口企业近似视为该行业中最高生产率水平的代表。

创新价值链理论（Hansen & Birkinshaw，2007）认为，创新活动是一个多投入、多产出的动态连续过程。部分学者进一步将创新活动划分为技术开发和成果转化两个环节，在技术开发环节，企业通过投入研发经费、研发人员等知识生产要素，经过研究开发，得到以专利申请量和新产品开发项目等指标衡量的创新产出（徐皓、赵磊、朱亮亮，2019）。在技术成果转化环节，以专利申请量和新产品开发项目等形式衡量的知识创新产出，只有经过技术转化阶段，通过产品创新和工艺创新，转化为产品并投入市场，进而实现技术成果转化环节的产出，即以新产品销售收入等指标衡量的商业价值，才有助于提升其行业出口技术复杂度。

创新产出对行业出口复杂度的提升作用受知识产权保护制度的影响。诺德豪斯（Nordhaus，1969）指出，知识产权保护制度具有双重效应。一方面，由于知识具有非竞争性和一定程度的排他性，知识溢出产生的正外部性导致事前创新激励不足（Romer，1990）。知识产权保护作为一种制度性收益机制，通过规范市场秩序，严厉惩罚模仿、侵权行为，有效保护了研发成果的独占性权益，并弥补创新过程中投入的大量沉没成本，从而激励企业增加研发投入，增加企业创新成果（宗庆庆等，2015），进而提升产品的出口技术复杂度。另一方面，对于以专利等形式存在的创新成果而言，由于知识产权保护赋予其创新者排他性的使用权，导致创新者可能获得市场垄断力量，并利用其技术垄断力量打击竞争对手，阻碍技术进步和创新成果的传播与技术溢出（代中强，2014）。默里和斯特恩（Murray & Stern，2007）通过实证检验表明，知识产权保护存在"反公地效应"，在一定程度上抑制知识的传播。对于受溢出效应影响较大的企业，提高行业知识产权保护强度会减少行业技术溢出，进而影响行业出口技术复杂度的提升。因此，知识产权保护对于创新产出对行业出口技术复杂度的提升作用可能存在负向的调节效应。

　　创新产出对行业出口技术复杂度的提升作用受技术成果转化效率的影响。科技成果转化指具有潜在市场应用价值的科研成果，通过各种形式实现市场价值和商业收益的相关活动和过程（蔡跃洲，2015）。对于以专利等形式存在的创新成果而言，只有经过产品设计等成果转化阶段，转化为新产品、新材料和新工艺流程，才能进行产业化生产并实现其商业价值，进而提升其行业出口技术复杂度。阿罗（Arrow，1962）则认为，技术知识交易存在"披露困境"，"披露困境"进一步导致技术市场交易失败。技术成果的商业性转化是一项复杂的工程，技术市场交易状况影响技术成果转化效率的高低，而技术成果转化效率的高低则进一步影响创新成果的产业化生产以及商业化价值的实现，只有发育良好的技术市场交易制度，才能提供相应的技术、人才和资金支撑，提高技术成果的转化效率，进而提升其行业出口技术复杂度（隋立祖、寇宗来，2011）。因此，技术成果转化效率对于创新产出对行业出口技术复杂度的提升作用可能存在调节效应。综上所述，知识产权保护强度、技术成果转化效率对于创新成果的调节效应如图6-1所示。

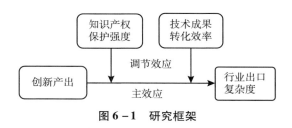

图6-1　研究框架

第三节　模型设定、变量构建及数据说明

一、模型设定

在上述企业成本发现模型和理论分析的基础上，设定如下基准计量分析模型：

$$\ln Expy_{it} = \beta_0 + \beta_1 \ln Techin_{it} + \beta_2 X_{it} + \mu_i + \mu_t + \varepsilon_{it} \qquad (6-2)$$

其中，$Expy_{it}$表示i行业t年的出口技术复杂度，$Techin$表示技术创新产出；X表示其他控制变量，具体包括：kl、fdi、im、pcrd、iipr分别表示人均资本、外商直接投资比例、进口比例、从事研发活动的企业比例和行业知识产权保护强度。μ_i和μ_t分别表示行业和年度固定效应，i、t分别表示行业和年份，ε_{it}为随机扰动项。

在技术成果转化环节，创新产出对出口技术复杂度的影响会受到行业知识产权保护强度和技术成果转化效率的影响，因此，在上述基准方程的基础上，分别加入创新产出与知识产权保护强度和技术成果转化效率的交互项，以考察知识产权保护强度和技术成果转化率的调节效应。

$$\ln Expy_{it} = \beta_0 + \beta_1 \ln Techin_{it} + \beta_2 iipr_{it} + \beta_3 \ln Techin_{it} \times iipr_{it} + \beta_3 X_{it} + \mu_i + \mu_t + \varepsilon_{it}$$
$$(6-3)$$

$$\ln Expy_{it} = \beta_0 + \beta_1 \ln Techin_{it} + \beta_2 teta_{it} + \beta_3 \ln Techin_{it} \times teta_{it} + \beta_4 X_{it} + \mu_i + \mu_t + \varepsilon_{it}$$
$$(6-4)$$

两边分别对专利申请量的对数求偏导，可得其边际效应如下所示：

$$\frac{\partial \ln Expy}{\partial \ln Techin} = \beta_1 + \beta_3 iipr_{it} \qquad (6-5)$$

$$\frac{\partial \ln Expy}{\partial \ln Techin} = \beta_1 + \beta_3 teta_{it} \qquad (6-6)$$

式（6-5）、式（6-6）中，$iipr_{it}$、$teta_{it}$分别表示 i 行业 t 年的行业知识产权保护强度和技术成果转化效率。由式（6-5）、式（6-6）可以计算出创新产出对行业出口技术复杂度的边际效应，其值随行业知识产权保护强度和技术成果转化效率的变化而变化。

二、变量设计

（一）行业出口技术复杂度

豪斯曼（2007）提出了用于衡量出口产品复杂度的指标。出口技术复杂度反映一国或地区的商品结构，并能在一定程度上反映该国或地区出口商品的技术含量及其国际分工地位。其计算公式如下：

$$PRODY_j = \sum_{k=1}^{n} \frac{(x_{kj}/X_k)}{\sum_{k=1}^{n}(x_{kj}/X_k)} Y_k \qquad (6-7)$$

其中，$PRODY_j$ 表示制造业 j 产品的出口技术复杂度，k 表示国家，j 表示产品，$X_k = \sum_j x_{kj}$ 表示国家或地区 k 的总出口额，Y_k 表示国家或地区 k 的人均 GDP。在此基础上，以各行业的产品出口额占行业总出口额的比重为权重加权平均得到 i 行业的出口技术复杂度（EXPY）。如下所示：

$$EXPY_i = \sum_j (x_{kj}/X_k^i) PRODY_j \qquad (6-8)$$

其中，i 表示行业，X_k^i 表示 k 国行业 i 的总出口额。

（二）创新产出（Techin）

已有研究中通常采用专利或新产品指标来衡量技术创新。由于专利数据审查严格且易获取，同时也很好地反映了技术的自主知识产权，因此，是目前衡量技术创新成果采用最普遍的指标。本书中采用专利申请数（pat）、发明专利申请量（inp）、实用新型和外观设计专利申请量（utde）来衡量不同质量层次的技术创新成果。

（三）行业知识产权保护强度（Iipr）

在吉纳特和帕克方法计算的 G—P 指数基础上，韩玉雄等（2005）引入实际执法水平指数（f）构建了修正后的知识产权保护指数（ipr），以此反映我国知识产权的实际保护水平，其计算方式如下所示：

$$ipr_t = GP_t \times f_t \qquad (6-9)$$

其中，GP_t 表示一国或地区 t 时期的知识产权立法强度，f_t 表示 t 时期的知识产权保护执法力度。

鉴于制造业中各行业在研发密集度上存在显著差异，借鉴余长林

（2016）等学者的做法，用大中型工业企业各行业科技活动经费内部支出总额与行业年销售收入的比例来反映该行业的研发密集度。行业知识产权保护强度（iipr）由修正后的知识产权保护指数（ipr）与行业研发密集度（rdi）的乘积来衡量，其计算方式如下：

$$iipr_{it} = ipr_t \times rdi_i \qquad (6-10)$$

（四）技术成果转化效率（teta）

技术成果主要表现为发明专利和实用新型与外观设计专利，技术成果转化效果体现为其商业价值的实现，借鉴徐皓（2019）等学者的做法，以专利申请量衡量技术转化环节的投入，而以新产品销售收入作为技术转化环节的产出，运用数据包络分析方法（DEA）可测算出各行业的技术成果转化效率。

控制变量包括：（1）外商直接投资（fdi）。以各行业外商投资及港澳台投资企业的总资产占各行业总资产的比重来衡量，反映外资的资本效应，即通过增加东道国可用于投资的储蓄，扩大投资规模，促进东道国资本形成和产业结构升级，从而提高行业出口技术复杂度。（2）资本密集度（kl），用各行业固定资产净值与年平均从业人员数的比值来衡量，反映不同行业的生产要素密集度水平，相对要素禀赋影响专业化模式和商品出口技术复杂度。（3）进口比例（im），由各行业进口总额占行业总产值的比例来衡量。由于进口商品中包含了中间产品和机器设备，通过加工组装这些高技术中间产品并用于出口，可以直接提高行业的出口技术复杂度。同时，进口也可以通过技术溢出效应，间接提高行业出口技术复杂度。（4）从事研发活动的企业所占比例（pcrd），本书用各行业中从事研发活动的企业数量占行业总企业数的比例衡量。行业中从事研发活动的企业数量越多，就越能提高行业的出口技术复杂度。

三、数据来源及处理说明

由于《中国科技统计年鉴》中从 2003 年才开始对大中型工业企业分行业的创新活动数据进行统计，本书选择 2003 年作为基期。另外，2010 年之后，由于《中国科技统计年鉴》只报告规模以上工业企业创新活动的数据，而不再提供大中型工业企业创新活动的数据。考虑各变量数据的可得性和统计口径的一致性，本书将研究区间选择为 2003 ~ 2010 年。

本章中，中国及世界各行业进出口贸易数据的分类标准为 SITC Rev. 3，数据均来源于联合国贸易统计数据库（UN Comtrade Database），参照盛斌（2002）的归类方法，将其集结为中国 36 个工业部门的进出口值。固定资产净值年平均余额、从业人员数、工业总产值、企业数、外商投资及港澳台投资企业的总资产、行业总资产、行业总销售收入等指标的数据均来源于《中国工业经济统计年鉴》，由于该统计年鉴中缺乏 2004 年的数据，2004 年各变量的数据均来源于《中国经济普查年鉴》，专利申请量、发明专利申请量、科技活动经费内部支出总额、从事研发活动的企业数、新产品销售收入的数据均来源于历年《中国科技统计年鉴》。原始贸易数据均以美元计价，并按照当年美元兑换人民币的平均汇率将其换算为人民币价格。为消除价格因素的影响，固定资产净值年平均余额、工业总产值、总资产分别用固定资产价格指数和生产者价格指数调整为按 2000 年不变价计算的实际值，各种价格指数均来源于《中国统计年鉴》。表 6 - 1 为主要变量的描述性统计。

表 6 – 1 主要变量的描述性统计

变量		含义	均值	标准差	最小值	最大值
被解释变量	expy	行业出口技术复杂度	9.65	0.388	8.61	10.45
解释变量	lnpat	专利申请量的对数	7.21	1.46	2.89	10.74
	fdi	外资企业资产占行业总资产的比例	0.3499	0.1439	0.0749	0.7261
	im	进口总额占行业总产值的比例	0.2	0.321	0.0055	1.954
	lnkl	人均固定资产净值	2.3736	0.7355	0.7964	4.1053
	pcrd	从事研发活动的企业所占比例	0.359	0.15	0.083	0.76
	iipr	行业知识产权保护强度	0.0212	0.0127	0.0023	0.0632
	teta	技术成果转化效率	0.414	0.323	0.02	1

第四节　实证检验与结果分析

一、制造业出口技术复杂度测算结果

按照行业要素密集度，我国制造业部门可分为劳动密集型产业、资本密集型产业和技术密集型产业。① 总体来看，我国制造业各行业中，技术

---

① 按要素密集度划分的制造业行业分类：劳动密集型产业包括食品制造业、纺织业、纺织服装、鞋、帽制造业、皮革、毛皮、羽毛（绒）及其制品业、木材加工及木、竹、藤、棕、草制品业、造纸及纸制品业、文教体育用品制造业、非金属矿物制造业；资本密集型产业包括石油加工、炼焦及核燃料加工、化学原料及化学制品制造业、化学纤维制造业、橡胶制品业、塑料制品业、黑色金属冶炼及压延加工业、有色金属冶炼及压延加工业、金属制品业、印刷业和记录媒介的复制业；技术密集型产业包括医药制造业、通用设备制造业、专用设备制造业、交通运输设备制造业、电气机械及器材制造业、通信设备、计算机及其他电子设备制造业、仪器仪表及文化、办公用机械制造业、工艺品及其他制造业。

密集型产业的出口技术复杂度最高，资本密集型产业次之，劳动密集型产业的出口技术复杂度最低。从制造业内部来看，劳动密集型产业中，出口技术复杂度较高的行业分别为造纸及纸制品业、文教体育用品制造业，而出口额占比最高的纺织业、纺织服装、鞋、帽制造业、皮革、毛皮、羽毛（绒）及其制品业的出口技术复杂度则均较低；资本密集型产业中，出口技术复杂度较高的行业分别为：化学原料及化学制品制造业、黑色金属冶炼及压延加工业和金属制品业，恰好是资本密集型产业中出口额占比最高的三个行业；技术密集型产业中，医药制造业、通用设备制造业的出口技术复杂度最高，但出口份额占比最高的电气机械及器材制造业、通信设备、计算机及其他电子设备制造业的出口技术复杂度则均较低。从中可以发现，我国劳动密集型、技术密集型制造业中出口份额占比较高的行业大多技术含量相对较低，主要依靠工资成本优势带来的价格竞争模式，并未能通过产品技术水平提升其行业出口技术复杂度。然而，资本密集型产业中，出口占比较高的行业技术复杂度相对较高，表明技术创新有力提升了资本密集型产业的行业出口技术复杂度（见表6-2）。

表6-2　　　　　2003～2010年我国制造业各行业出口技术复杂度

行业	2003 年	2004 年	2005 年	2006 年	2007 年	2008 年	2009 年	2010 年
L1	9751	10399	10393	10490	10434	9994	9469	9712
L2	9399	9860	10089	10160	10284	9860	9747	10206
L3	5758	5716	5575	5583	5549	5461	5720	5958
L4	8135	8690	8680	8842	9217	10326	10365	10831

续表

行业	2003 年	2004 年	2005 年	2006 年	2007 年	2008 年	2009 年	2010 年
L5	11778	12171	13334	12918	14749	14616	14429	14592
L6	17849	18408	18925	20243	19067	19894	18896	18657
L7	18669	19637	20020	18440	21518	21381	19709	19722
L8	13391	13818	14024	13580	14805	14954	14185	13825
C1	9752	8633	10098	12033	10981	11166	11363	12719
C2	19263	19789	19877	21199	21418	21364	20898	20762
C3	9370	10218	11214	12795	14119	13879	13052	12329
C4	17498	17738	19002	18514	19393	19584	18230	19384
C5	17800	18779	18938	19248	18421	19330	18186	18638
C6	14177	12897	14124	16669	18653	18108	17820	20159
C7	11551	13159	13695	13572	14492	16747	20154	18086
C8	16849	14901	16302	17460	17801	18471	17367	18557
C9	9410	8719	9340	9596	9497	8188	6873	7590
T1	30341	31931	33128	33239	34673	34356	26879	28377
T2	21789	23103	22782	23778	24025	24205	22806	22706
T3	22054	23761	22802	24250	23790	24097	21648	22361
T4	17310	17602	17647	16991	19158	17804	16988	15956
T5	16507	16851	17299	17612	18292	18489	17358	18787
T6	18872	19304	19881	19533	19003	18754	16915	17229

行业	2003 年	2004 年	2005 年	2006 年	2007 年	2008 年	2009 年	2010 年
T7	21640	21699	22154	22664	24236	22198	20382	21723
T8	18258	18038	19793	21186	21348	23548	21723	19952

资料来源：由 UN Comtrade 数据、世界银行 WDI 数据整理得到。

从其变化趋势来看，2003～2010 年，我国制造业中绝大部分行业的出口技术复杂度均趋于上升，其中资本密集型产业的增长率最快。黑色金属冶炼及压延加工业、有色金属冶炼及压延加工业的出口技术复杂度增长最快，2003～2010 年分别增长了 42.2%、56.58%。只有印刷业和记录媒介的复制业、通信设备、计算机及其他电子设备制造业两个行业的出口技术复杂度趋于下降，分别从 2003 年的 9410、18872 下降至 2010 年的 7590、17229。上述数据表明：我国出口商品结构已经突破传统的要素禀赋框架，逐渐延伸到资本技术密集型产品，随着资本密集型产业、技术密集型产业中部分行业出口技术复杂度的提高，对发达国家的资本、技术密集型产品形成了一定的竞争。

二、面板回归结果与分析

（一）研究方法说明

在计量分析模型（6－2）中，根据 F 检验和辅助回归检验确定以下回归均采用个体固定效应模型。方差膨胀因子检验结果显示：最大的方差膨胀因子为 3.27，小于 10，表明解释变量间并不存在严重的多重共线性问题。

由于创新产出与行业出口技术复杂度之间可能存在双向因果关系，即技术开发环节的创新成果通过产业化生产，并投入市场实现其商业价值，进而提升其行业出口技术复杂度。与此相对，当一国行业出口技术复杂度提高时，出口企业通过拓展市场规模、改变市场结构等方式获得超额利润，这进一步激励行业内企业进行技术创新，从而使得创新产出与行业出口技术复杂度相互促进、互为因果。为避免内生性问题，通常的做法是寻找一个与内生解释变量显著相关，而与随机误差项不相关的变量作为工具变量进行两阶段最小二乘法回归（2SLS），但这样的经济变量很难找到。因此，本书选择创新产出的一阶滞后项作为其工具变量。创新产出的一阶滞后与技术创新产出高度相关，但与误差项并不相关，因此，创新产出的一阶滞后项满足工具变量的要求。

（二）回归结果分析

1. 基准回归结果分析

从表 6-3 中可以发现，专利申请量对制造业出口技术复杂度具有正向的影响，且分别在 1% 的水平下显著，表明以专利申请量衡量的创新产出的增加显著提升了行业出口技术复杂度，创新成果的扩散和产业化应用提高了企业产品的技术含量及其国际分工地位。模型 2 中，考虑创新产出内生性的工具变量估计结果与固定效应模型的估计结果基本一致，但用工具变量法估计的创新产出的回归系数（0.114）比固定效应法估计的系数（0.0596）要大，说明如果不考虑内生性问题，可能会低估创新产出对我国制造业出口技术复杂度的影响。模型 3、模型 4 的估计结果表明，发明专利申请量的系数显著为正，并且分别在 5% 和 1% 的水平下显著。模型 5、模型 6 中，实用新型和外观设计专利申请量的系数也显著为正，并且在1%的水平下显著。上述结果表明，无论是技术水平较高、授权难度较大的发明专利申请量，还是技术水平相对较低、授权难度较小的实用新型和外观设计专利申请量均有效提升了我国制造业的出口技术复杂度。

表6-3　　　　　　　　行业出口技术复杂度影响因素的估计结果

变量	模型1	模型2	模型3	模型4	模型5	模型6
lnpat	0.0596 *** (3.06)	0.114 *** (4.58)	—	—	—	—
lninp	—	—	0.0405 ** (2.62)	0.109 *** (3.36)	—	—
lnutde	—	—	—	—	0.0528 *** (2.85)	0.0993 *** (4.49)
lnkl	0.242 ** (2.67)	0.254 *** (3.80)	0.249 ** (2.53)	0.233 *** (3.15)	0.250 ** (2.75)	0.271 *** (4.03)
fdi	0.337 (1.20)	0.422 (1.43)	0.217 (0.68)	0.156 (0.52)	0.363 (1.31)	0.468 (1.54)
im	0.0225 (0.21)	0.0864 (0.87)	0.0144 (0.12)	0.119 (1.09)	0.0130 (0.13)	0.0710 (0.71)
pcrd	0.551 * (1.98)	0.921 *** (4.28)	0.484 * (1.77)	0.921 *** (3.69)	0.514 * (1.83)	0.858 *** (4.06)
iipr	-4.103 (-1.67)	-7.451 *** (-3.55)	-3.076 (-1.17)	-7.549 *** (-3.01)	-3.734 (-1.53)	-6.576 *** (-3.26)

续表

变量	模型 1	模型 2	模型 3	模型 4	模型 5	模型 6
constant	8.410 *** (24.48)	7.886 *** (25.83)	8.631 *** (26.34)	8.206 *** (26.86)	8.459 *** (24.88)	7.980 *** (27.00)
行业控制	Y	Y	Y	Y	Y	Y
R^2	0.272	—	0.217	—	0.270	—
模型选用	FE	2SLS	FE	2SLS	FE	2SLS
N	200	175	200	175	200	175

注：*** 、** 、* 分别表示在 1% 、5% 、10% 的显著性水平下显著，括号内数字为 t 统计量。

在以上回归模型中，资本劳动比均对出口技术复杂度有正向的影响，且分别在 5% 、10% 的水平上显著，表明资本深化有利于提高行业的出口技术复杂度。究其原因，行业的资本劳动比越大，表示单位从业人员所配备的物质资本越多，资源禀赋改善就越能生产资本密集和技术复杂的产品，这与比较优势理论相一致。FDI、进口比率均对我国制造业出口技术复杂度具有正向的影响，但并不显著，可能的解释是：由于受本国人力资本水平的限制或自主研发能力的影响，未能对进口商品和外商直接投资的技术溢出进行有效的消化吸收，导致其对我国制造业出口技术复杂度的影响并不显著。研发企业所占比例均对行业出口技术复杂度具有正向的影响，且分别在 10% 和 1% 的水平下显著，表示行业中从事新产品开发的企业数量所占比例越大，行业创新产出越多，创新成果的专业化、商业化应用进而提升了行业的出口技术复杂度。行业知识产权保护强度对行业出口技术复杂度均具有负向的影响，其可能的原因是，行业知识产权保护强度的提高抑制了企业创新成果的溢出效应。

2. 调节效应分析

由于核心解释变量、调节变量与它们的交互项之间往往存在多重共线性，因此，本书中对交互项中的各变量均进行了中心化处理，从而减少交互项与单个变量之间的相关性，具体估计结果如表6-4所示。模型2在模型1的基础上加入了专利申请量和行业知识产权保护强度的交互项，从模型2的估计结果来看，模型2的测定系数 R_2^2 显著高于模型1的测定系数 R_1^2。行业知识产权保护强度的系数虽然并不显著，但专利申请量与行业知识产权保护强度交互项的系数显著为负，并且在5%的水平下显著，表明知识产权保护强度的调节效应显著。专利申请量的系数显著为正，表明以专利申请量衡量的创新产出显著提升了行业出口技术复杂度。创新产出对行业出口技术复杂度的提升作用受到知识产权保护强度的负向调节效应的影响，即对发展中国家而言，知识产权保护强度存在一个最优的水平，当知识产权保护强度低于这个临界值时，创新产出促进了制造业出口技术复杂度的提升；而一旦知识产权保护强度超过这个临界值，由于知识产权保护存在反"公地效应"，过高的知识产权保护强度抑制了国内创新成果的传播和技术溢出，进而抑制了行业出口技术复杂度的提升。

表6-4　　　　　　　　　　　调节效应估计结果

变量	模型1	模型2	模型3	模型4
lnpat	0.0596 *** (3.06)	0.0351 * (1.88)	0.0537 ** (2.12)	0.0543 ** (2.11)
lnkl	0.242 ** (2.67)	0.237 ** (2.64)	0.2226 ** (2.51)	0.1980 ** (2.45)

续表

变量	模型1	模型2	模型3	模型4
fdi	0.337 (1.20)	0.428 (1.59)	0.2226 (0.75)	0.1028 (0.36)
im	0.0225 (0.21)	−0.106 (−0.93)	0.1422 (1.57)	0.1206 (1.55)
pcrd	0.551* (1.98)	0.365 (1.48)	0.6750** (2.54)	0.7099** (2.66)
iipr	−4.103 (−1.67)	−2.275 (−0.73)	—	—
clnpatciipr	—	−1.784** (−2.09)	—	—
teta	—	—	0.0459 (0.61)	0.1503 (1.46)
clnpatcteta	—	—	—	0.0555** (2.43)
constant	8.410*** (24.48)	8.644*** (26.78)	8.3639*** (22.69)	8.4075*** (25.55)
行业控制	Y	Y	Y	Y
R^2	0.272	0.315	0.252	0.277
模型选用	FE	FE	FE	FE
N	200	200	200	200

注：***、**、*分别表示在1%、5%、10%的显著性水平下显著，括号内数字为t统计量；交互项中的各项都进行了中心化处理，以避免多重共线性。

模型 3 中，技术成果转化效率的系数为正，但并不显著。在模型 3 的基础上加入专利申请量与技术成果转化效率的交互项，从模型 4 的估计结果来看，模型 4 的测定系数 R_4^2 显著高于模型 3 的测定系数 R_3^2，技术成果转化效率的系数不显著，但专利申请量与技术成果转化效率交互项的系数显著为正，并且在 5% 的水平下显著，表明技术成果转化效率的调节效应显著。专利申请量的系数也显著为正，表明以专利申请量衡量的创新产出显著提升了行业出口技术复杂度。创新产出对行业出口技术复杂度的提升作用受到技术成果转化效率的正向调节效应的影响，即随着创新成果转化为新产品并实现其商业价值的效率越高，较高的技术成果转化效率促进了创新产出对于行业出口技术复杂度的提升作用。然而，我国制造业部门中部分行业的技术成果转化效率较低，有待于进一步提升其创新成果产业化、商业化的效率，进而提升其行业出口技术复杂度。

3. 基于分样本的分析

由于各产业间技术水平存在较大差异，为进一步考察创新产出对行业出口技术复杂度的影响是否存在显著的行业差异，本章节分别对劳动密集型产业、资本密集型产业和技术密集型产业进行估计。从表 6 - 5 中分产业的估计结果可以发现，模型 1、模型 3 和模型 5 中，技术创新成果对劳动密集型产业、资本密集型产业和技术密集型产业出口技术复杂度均具有正向的影响，但并不显著。从模型 2、模型 4 和模型 6 的工具变量估计结果来看，在 5% 的显著性水平下，以专利申请量衡量的创新产出对劳动密集型产业和资本密集型产业出口技术复杂度具有显著的正向影响，其对资本密集型产业出口技术复杂度的提升效果尤其较大（0.300），但对技术密集型产业的影响并不显著。考虑技术创新成果内生性的工具变量估计结果与固定效应模型估计的结果基本一致，但使用工具变量法估计的回归系数比固定效应法估计的系数要大。对此，可能的解释是，由于我国制造业创新产出质量层次不高，其中，技术含量高且授权难度大的发明专利所占比例较低，仅为 1/3 左右，而技术含量较低且授权难度相对较小的实用新型和外观设计专利所占比例较高。由此，对于出口技术复杂度相对较低的劳动密集型产业和资本密集型产业，技术创新成果对其行业出口技术复杂度具有显著的提升效应。但对于人力资本水平要求较高，需要采用复杂先进设备和尖端科学技术进行生产的技术密集型产业，大量低质量层次的创新产出并不能有效提升其行业出口技术复杂度。

表 6 – 5　　　　　　基于要素密集度划分的行业出口技术
复杂度影响因素估计结果

变量	劳动密集型产业		资本密集型产业		技术密集型产业	
	模型 1	模型 2	模型 3	模型 4	模型 5	模型 6
lnpat	0. 0389 （1. 72）	0. 0704 ** （2. 19）	0. 0284 （0. 50）	0. 300 ** （2. 01）	0. 0797 （1. 82）	0. 0618 （1. 40）
lnkl	− 0. 00265 （− 0. 03）	− 0. 177 （− 1. 35）	0. 304 * （2. 25）	0. 290 * （1. 86）	0. 245 ** （3. 02）	0. 171 （1. 44）
fdi	− 0. 511 （− 1. 71）	− 0. 813 ** （− 2. 08）	1. 153 ** （2. 96）	1. 701 * （1. 86）	0. 670 ** （2. 41）	0. 424 （1. 23）
im	− 0. 267 （− 0. 49）	0. 642 （1. 17）	0. 0219 （0. 03）	0. 970 （1. 08）	− 0. 0391 （− 0. 36）	− 0. 0138 （− 0. 12）
pcrd	0. 270 （1. 14）	0. 318 （1. 34）	− 0. 0691 （− 0. 12）	1. 176 （1. 59）	0. 981 ** （3. 31）	0. 906 ** （2. 42）

续表

变量	劳动密集型产业		资本密集型产业		技术密集型产业	
	模型1	模型2	模型3	模型4	模型5	模型6
iipr	−2.734 (−0.75)	1.030 (0.26)	0.616 (0.13)	−19.23 * (−1.67)	−6.785 *** (−3.94)	−5.483 ** (−1.99)
constant	9.331 *** (42.10)	9.445 *** (28.79)	8.215 *** (10.84)	6.111 *** (5.23)	8.252 *** (19.63)	8.648 *** (11.54)
行业控制	Y	Y	Y	Y	Y	Y
R^2	0.390	—	0.455	—	0.310	—
模型选用	FE	2SLS	FE	2SLS	FE	2SLS
N	64	56	72	63	64	56

注：***、**、*分别表示在1%、5%、10%的显著性水平下显著，括号内数字为t统计量。面板工具变量回归中，括号内数字为z统计量。

4. 分位数回归结果

上述分析都是基于均值回归，然而由于行业间出口技术复杂度存在较大差异，以专利申请量指标衡量的创新产出对出口技术复杂度不同分位点行业的影响也存在显著差异。分位数回归则可以较好地刻画解释变量对被解释变量整个条件分布上的影响，而且分位数回归对误差项分布也未作任何假设，不易受极端值的影响，回归结果更为稳健。因此，本章分别考察在制造业出口技术复杂度代表性分位点10%、25%、50%、75%和90%上，以专利申请量衡量的技术创新产出对行业出口技术复杂度的影响及其差异，其估计结果如表6-6所示。

表 6 – 6　　　　　行业出口技术复杂度不同分位点影响因素的估计结果

变量	模型 1 QR – 10	模型 2 QR – 25	模型 3 QR – 50	模型 4 QR – 75	模型 5 QR – 90
lnpat	0.0753 *** (3.34)	0.0679 *** (4.29)	0.0587 *** (5.18)	0.0510 *** (3.63)	0.0447 ** (2.33)
lnkl	0.1931 * (1.76)	0.2160 *** (2.81)	0.2445 *** (4.46)	0.2685 *** (3.94)	0.2879 ** (3.08)
fdi	0.4352 (1.22)	0.3891 ** (1.55)	0.3318 ** (1.86)	0.2836 (1.27)	0.2447 (0.80)
im	0.0129 (0.10)	0.0174 (0.19)	0.0230 (0.35)	0.0277 (0.34)	0.0315 (0.28)
pcrd	0.6748 ** (2.22)	0.6166 *** (2.89)	0.5441 *** (3.57)	0.4832 ** (2.55)	0.4341 * (1.67)
iipr	– 5.5510 * (– 1.81)	– 4.8710 ** (– 2.27)	– 4.0242 *** (– 2.63)	– 3.3126 * (– 1.74)	– 2.7381 (– 1.05)
样本量	200	200	200	200	200

注：*** 、** 、* 分别表示在 1%、5%、10% 的显著性水平下显著，括号内数字为 z 统计量。

从表 6 – 6 中可以发现，在行业出口技术复杂度的不同分位数水平上，创新产出的估计系数均为正值，且分别在 1%、5% 的水平下显著，但创新产出的估计系数随行业出口技术复杂度从低端到高端位置的变动而逐渐递减。表明创新成果均提升了不同分位数水平上的行业出口技术复杂度，创新成果的提升效应范围为 4.47% ~ 7.53%。在控制其他行业变量的条件下，就不同条件分位数水平而言，技术创新产出对制造业中处于不同出口技术复杂度水平的行业的影响存在差异，其对处于出口技术复杂度中低端水平行业的提升作用较大，但对处于出口技术复杂度高端水平行业的影响逐渐减弱。究其原因，对于出口技术复杂度极低的行业，由于其出口商品技术含量较低，不同质量层次创新成果的增加，均可以显著提高其产品出口技术复杂度。而对于出口技术复杂度极高的行业，一方面需要更高质量层次的创新成果，才能提升其行业出口技术复杂度和国际分工地位，然而，由于我国制造业总体创新质量层次不高，导致其提升效应较小。另一方面，由于原始性、突破性创新的不确定性较大，且受边际效应递减规律的作用，导致创新成果对行业出口技术复杂度的提升效应相对较低。

（三）稳健性检验

本书在基准回归模型的基础上，分别采用两种方法进行稳健性检验。一是采用面板工具变量法和分位数方法分别进行回归分析；二是以技术含量较高的发明专利申请量作为核心解释变量，对上述调节效应做稳健性检验。回归结果如表 6 - 7 所示。从上述回归结果中发现，核心解释变量的符号、系数并未发生明显变化，表明回归分析结果是稳健的。

表 6 - 7　　　　　　　　调节效应稳健性检验估计结果

变量	模型 1	模型 2	模型 3	模型 4
lninp	0. 041 ** (2. 62)	0. 019 (1. 27)	0. 031 *** (2. 64)	0. 029 ** (2. 50)
lnkl	0. 249 ** (2. 53)	0. 241 ** (2. 48)	0. 243 *** (4. 23)	0. 221 *** (3. 89)

续表

变量	模型 1	模型 2	模型 3	模型 4
fdi	0.217 (0.68)	0.401 (1.34)	0.145 (0.70)	−0.004 (−0.02)
im	0.014 (0.12)	−0.120 (−0.94)	0.093 (1.13)	0.058 (0.72)
pcrd	0.484 * (1.77)	0.285 (1.13)	0.534 *** (2.99)	0.569 ** (3.26)
iipr	−3.076 (−1.17)	−1.098 (−0.37)	—	—
clninpciipr	—	−1.879 ** (−2.70)	—	—
teta	—	—	0.004 (0.13)	0.104 ** (2.20)
clninpcteta	—	—	—	0.061 *** (3.03)
constant	8.631 *** (26.34)	8.795 *** (27.78)	8.624 *** (46.00)	8.689 *** (47.13)
行业控制	Y	Y	Y	Y
R^2	0.216	0.282	0.201	0.243
模型选用	FE	FE	FE	FE
N	200	200	200	200

注： *** 、 ** 、 * 分别表示在 1%、5%、10% 的显著性水平下显著，括号内数字为 t 统计量；交互项中的各项都进行了中心化处理，以避免多重共线性。

第五节　本章小结

本章在创新价值链理论的基础上，利用 2003～2010 年我国制造业大中型工业企业的行业面板数据，分别采用静态面板、面板工具变量法和分位数回归方法考察了技术开发环节的创新产出对我国制造业出口技术复杂度的影响、产业异质性，以及知识产权保护强度和技术成果转化效率的调节效应。结果表明：（1）我国劳动密集型、技术密集型产业中出口占比较高的行业大多出口技术复杂度较低且增长缓慢，而资本密集型产业中出口占比较高的行业出口技术复杂度相对较高，即创新成果有效提升了其行业出口技术复杂度。（2）以专利申请量衡量的创新产出显著提升了我国制造业的出口技术复杂度，行业知识产权保护强度和技术转化效率对其影响具有负向的调节效应。（3）创新产出对劳动密集型产业和资本密集型产业出口技术复杂度均具有显著的提升作用，尤其对资本密集型产业出口技术复杂度的影响较大，但对技术密集型产业的影响不显著。（4）创新产出对制造业中处于不同出口技术复杂度水平的行业的影响存在显著差异，其对低分位点行业的影响较大，但对高分位点行业的影响逐渐减弱。

第七章

结论与展望

　　本书在技术创新理论、后发国家技术追赶理论、创新价值链理论、比较优势理论及产业竞争力理论的基础上，以我国制造业部门为研究对象，从创新投入和产出两个角度分析制造业各行业技术创新的现状及其动态变化，并考察了各项因素对我国制造业技术创新绩效的影响。另外，从出口规模和出口质量两个维度测度了我国制造业各行业的产业国际竞争力、商品技术结构及其在全球价值链上的地位。在此基础上，以不同质量层次创新产出指标衡量技术创新，并从出口规模和出口质量两个维度分析其对我国制造业国际竞争力的影响、产业异质性及其作用机制，得出以下分析结论，并提出相应的政策建议。

第一节　结论与政策建议

一、本书结论

　　从创新投入指标来看，我国制造业部门研发经费支出和研发人员投入数量均增长较快，且研发经费支出占 GDP 的比重和研发人员投入比例均趋于上升，均高于其他金砖国家，接近世界平均水平，但仍低于世界发达国家水平。从创新产出的绝对规模来看，科技期刊论文发表数、专利申请数和商标申请数均居于世界前列，但专利密集度、人均科技论文数等相对水平仍较低，且技术含量较高的发明专利在专利申请数中所占比例仍然较低，表明我国制造业部门创新产出的质量依然较低，且创新成果产业化的速度相对缓慢。

从我国出口商品结构来看，工业制成品已占据绝对主导地位。其中，劳动密集型产业占我国制造业出口总额的比重进一步下降，而资本密集型产业和技术密集型产业商品所占比重均趋于上升，尤其是技术密集型产业商品在出口商品总额中已占据主导地位。劳动密集型产业中出口额占比较高的行业分别为：纺织业、纺织服装、鞋、帽制造业和皮革、毛皮、羽毛（绒）及其制品业。其中，纺织服装、鞋、帽制造业所占比重最高，但趋于下降，纺织业和皮革、毛皮、羽毛（绒）及其制品业所占比重均有小幅上升。资本密集型产业中，化学原料及化学制品制造业、塑料制品业、黑色金属冶炼及压延加工业、金属制品业出口额所占比重较高，其中，除黑色金属冶炼及压延加工业外，其他行业所占比重均趋于下降。技术密集型产业中，通信设备、计算机及其他电子设备制造业、通用设备制造业、电气机械及器材制造业占出口额的比重最高，但通信设备、计算机及其他电子设备制造业所占比重下降较为明显，通用设备制造业和电气机械及器材制造业出口额所占比重均趋于上升。

从出口规模衡量的产业国际竞争力来看，2003年，由于劳动力、土地、资源等成本比较优势，劳动密集型产业在三大产业中的国际竞争力最强，但随着人口红利衰减、劳动力成本上升和资源环境约束凸显，其国际竞争力趋于下降。资本密集型产业和技术密集型产业的国际竞争力则均趋于上升，其中，技术密集型产业国际竞争力的上升则尤为明显，从具有竞争劣势的产业逐渐转变为具有平均国际竞争力的产业。从制造业内部各行业来看，纺织业、纺织服装、鞋、帽制造业、皮革、毛皮、羽毛（绒）及其制品业、文教体育用品制造业和通信设备、计算机及其他电子设备制造业具有很强的产业竞争力，即我国制造业中具有很强竞争力的部门仍然主要为劳动密集型行业，但纺织服装、鞋、帽制造业、皮革、毛皮、羽毛（绒）及其制品业和文教体育用品制造业的国际竞争力均趋于下降，仅有通信设备、计算机及其他电子设备制造业的竞争力趋于上升。资本密集型产业中，虽然橡胶制品业、塑料制品业、黑色金属冶炼及压延加工业、金属制品业的竞争优势较为突出，但多属于资源型行业，且在我国制造业出口总额中所占比例较低。虽然技术密集型产业产品已在我国制造业出口总额中占据主导地位，但存在"统计幻象"，仅有通信设备、计算机及其他设备制造业显示出较强的产业竞争优势，其他行业均处于竞争劣势，表明我国技术密集型产业主要通过进口中间品进行加工组装并出口，处于产业价值链的低端环节。

以出口质量衡量的产业国际竞争力测算结果表明，我国制造业中，技术密集型产业的出口技术复杂度高于资本密集型产业和劳动密集型产业。我国出口产品结构已经突破传统的要素禀赋框架，逐渐延伸到资本密集型、技术密集型产品，并对发达国家的技术密集型产品形成了一定的竞争。豪斯曼提出的出口技术复杂度测算结果表明，2003~2014年，我国制造业中绝大多数行业的出口技术复杂度均趋于上升，总体来看，资本密集型行业出口技术复杂度增长相对较快，仅有两个行业的出口技术复杂度有所下降。但塔凯拉提出的出口复杂度测度结果表明，劳动密集型产业的出口复杂度最低，但趋于上升，资本密集型产业和技术密集型产业的出口复杂度虽然较高，但其中许多高技术行业的出口复杂度趋于下降，表现出令人担忧的发展趋势。我国劳动密集型、技术密集型产业中出口占比较高的行业大多技术含量较低且增长缓慢，主要基于价格竞争，缺乏质量竞争力；资本密集型产业中出口占比较高的行业技术复杂度相对较高，即通过技术水平升级提高了其产业国际竞争力。

行业知识产权保护对我国制造业技术创新具有直接的正向激励效应，其影响在不同层次的技术创新成果间存在差异，仅对技术含量较高的发明专利影响显著，但由于我国专利申请量中技术水平相对较低的实用新型和外观设计专利所占比重超过60%，其对专利申请量的总体影响并不显著。行业知识产权保护通过促进国外技术引进而间接影响我国制造业技术创新。由于技术引进与自主研发之间既存在替代效应，也存在互补效应，其综合影响因吸收能力而异，技术引进与我国制造业技术创新之间呈非线性关系。由于异质吸收能力的影响，技术引进存在以人力资本积累和研发经费支出存量衡量的吸收能力门槛效应，只有吸收能力高于门槛值的行业，技术引进才能有效提高其技术创新水平。自主研发是推动我国制造业技术创新积累最主要的途径。

以专利申请量衡量的技术创新对我国制造业以出口规模衡量的国际竞争力具有显著的正向影响，但其影响存在产业异质性，其对资本密集型产业的国际竞争力具有显著的正向影响，且其影响大于劳动密集型产业和技术密集型产业。对劳动密集型产业和技术密集型出口行业虽然也具有正向的影响，但其影响并不显著。对于异质创新成果的进一步分析发现，技术含量较低的实用新型和外观设计专利有效提高了劳动密集型产业的国际竞争力，但技术含量较高的发明专利对其影响并不显著。对于资本密集型产业，发明专利、实用新型和外观设计专利均有效提高了其产业国际竞争力，且其估计系数大于劳动密集型产业和技术密集型产业。对于技术密集型产业，技术含量较高的发明专利显著提升了其国际竞争力，但实用新型和外观设计专利的影响并不显著。技术创新主要通过产品差异化机制提升我国制造业以出口规模衡量的国际竞争力，而经由成本费用下降带来的成本竞争机制对制造业国际竞争力的提升在统计上并不显著。

我国制造业中，技术密集型产业的出口技术复杂度最高，资本密集型产业次之，劳动密集型产业的出口技术复杂度则最低。2003～2014年，我国制造业中绝大部分行业的出口技术复杂度都趋于上升，其中资本密集型产业的增长率最快，只有个别行业的出口技术复杂度有所下降。以专利申请量衡量的创新产出显著提升了我国制造业的出口技术复杂度，行业知识产权保护强度和技术成果转化率对其影响具有调节效应。创新产出对劳动密集型产业和资本密集型产业出口复杂度均具有显著的提升效应，尤其对资本密集型产业的提升效果较大，但对技术密集型产业的影响不显著。创新产出对制造业中处于不同出口技术复杂度水平的行业的影响存在显著差异，其对低分位点行业的影响较大，但对高分位点行业的影响逐渐减弱。

二、政策建议

针对以上分析结论，为提高我国制造业部门的技术创新水平，进而提高我国制造业的国际竞争力及其在全球产业价值链上的地位，拟提出以下政策建议：

第一，健全和完善知识产权法律体系，加大知识产权保护执法力度。根据我国经济社会发展的实际情况，不断完善知识产权保护相关的法律法规体系建设，实现与国际规则 TRIPS 协定的协调与接轨，同时强化知识产权保护的执法力度，加大对知识产权侵权行为的惩罚力度。加大知识产权保护相关法律的宣传普及力度，加强知识产权保护人才培养和培训，提高全民的知识产权保护法律意识，充分发挥知识产权保护制度在激励研发生产要素投入，促进国外技术转移，保障研发成果权益中的积极作用。

第二，加大创新投入力度，形成多元化创新投资机制。充分发挥企业在应用研究中的主体地位，不断加大基础研究的政府财政投入力度。完善金融制度，通过引入风险投资机制，培育多元技术创新投入主体，实现科研机构、企业和市场的有效对接，并通过市场机制提高技术创新成果的应用转化能力和产业化生产水平。增加消化吸收经费支出和技术改造经费支出，提高消化吸收经费支出、技术改造经费支出与技术引进费用支出的比例，改变"重引进，轻吸收"的现状，增强我国对于技术引进的消化吸收能力。

第三，引进适宜技术，以自主创新与技术引进相结合的方式推动制造业技术创新。按照我国资源禀赋和经济技术条件，在不断提高国内研发强度的同时，注意引进适宜技术，提高外资引进质量，改变以市场换技术的策略，注意引进高科技、新兴产业项目，吸引高质量外资进入。在不断提高对引进技术消化吸收能力的基础上，通过对国外引进技术的消化、吸收和模仿，实现与国内自主研发的有效结合，实现"引进—消化吸收—模仿创新—自主创新"的良性机制，以此减少对技术引进的路径依赖和刚性需求，不断缩小国内外技术差距，增强我国工业制造业部门的技术创新能力。

第四，深化教育科研体制改革，着力提高人才培养质量。深化教育体制改革，改革现存教育体制和科研评价体系，重视人才创新能力培养，培养经济社会发展所需的实用性、技术技能型人才，通过对技术人员人力资本投资的补偿和规范的职业培训渠道，提高人力资本积累水平，以此增强技术引进的消化吸收能力。赋予科研人员宽松的学术环境，并形成有效的激励机制，激励原始性技术创新和创新成果的自我积累。加强内外资企业之间的研发项目合作和研发人员间的交流学习，以此增加研发人员的技术经验积累。

第五，大力发展技术含量高的新型劳动密集型制造业。促进劳动密集型产业与先进技术的有机结合，大力发展技术含量高的劳动密集型产业和高新技术产业中的劳动密集型生产环节。为此，要围绕高科技产业的终端环节或外部配套环节，大力发展相关的劳动密集型加工组装业。此外，为满足多样化和个性化的市场需求，鼓励发展需要采用人工作业方式进行生产的劳动密集型产业。

第六，扩大企业经济规模，提高产业集中度。由于技术密集型产业的竞争很大程度上是技术水平的竞争，企业经济规模关系到技术投入的强度和规模。在充分发挥市场机制的基础性作用上，应着眼于完善和加强市场机制的作用，政府部门应通过制定相应的产业组织政策，推动企业并购、资产重组和联合，以此来提高技术密集型产业的企业经济规模和产业集中度，发挥规模经济效应，从而提高其技术能力和产业国际竞争力。

第七，大力推动技术要素市场发展，通过健全有效的技术市场为创新成果转化提供相应的技术、人才和经费支撑，提高技术成果的转化效率，促进创新成果有效转化为新产品、新技术和新的工艺流程，从而实现其商业价值，并提升行业出口技术复杂度。

第二节　不足及展望

一、不足之处

本书基于制造业行业层面的数据，分析了我国制造业技术创新、出口结构及产业国际竞争力的特征性事实，并对制约我国制造业技术创新的影响因素进行分析，在此基础上，从出口规模和出口质量两个维度分析技术创新对我国制造业国际竞争力的影响，但仍然存在许多不足之处：

第一，未能全面分析制约我国制造业部门技术创新的各项因素，并对各解释变量之间的关系进行数理模型刻画，仅从实证角度设定计量模型进行经验检验。

第二，未能深入挖掘技术创新影响我国制造业国际竞争力的微观影响机制，仅利用行业层面的创新产出指标数据，从出口规模和出口质量两个维度检验其对我国制造业国际竞争力的影响及产业异质性，这是本书的一个遗憾。

第三，仅利用制造业行业层面的数据来分析制约我国制造业技术创新的影响因素，以及技术创新对制造业国际竞争力的影响，尤其是在国际贸易转向产品内贸易的现实背景下，缺乏微观企业影响机制的深入探讨和企业层面数据的实证检验支撑。

二、研究展望

本书的研究仅基于制造业行业层面的数据，属于中观层次的研究，相对于微观企业层面的数据，样本量较小，且缺乏对于微观企业行为的刻画，需要在今后的研究中进一步进行完善。

第一，结合已有的研究基础，进一步从微观企业层面的角度探讨企业创新决策对技术创新和产业国际竞争力的影响，并对其作用机制进行数理模型刻画，进一步结合微观企业层面的数据进行实证检验。

第二，结合后发国家技术创新的实际，深入挖掘其他因素对我国制造业技术创新绩效的影响，进一步探讨各解释变量之间的相互关系及其作用机制，并对其进行数理模型刻画和实证检验。

　　第三，结合中国工业企业数据库和企业专利数据库，进一步利用微观企业数据对我国制造业技术创新、产业国际竞争力等指标进行测度和分解，从而更深入地对我国制造业技术创新和产业国际竞争力的现状进行客观判断。

参考文献

［1］蔡昉．人口转变、人口红利与刘易斯转折点［J］．经济研究，2010（4）：4－13.

［2］曹驰．中国制造业企业"出口自我选择效应"再研究［J］．国际贸易问题，2015（12）：108－121.

［3］曹鹏．技术创新的历史阶段性研究［M］．沈阳：东北大学出版社，2002.

［4］陈继勇，胡艺．美国的技术创新与贸易竞争力之关系——一项基于实证的研究［J］．经济管理，2006（15）：84－89.

［5］陈立敏，王璇，饶思源．中美制造业国际竞争力比较：基于产业竞争力层次观点的实证分析［J］．中国工业经济，2009（6）：57－66.

［6］陈强．高级计量经济学及Stata应用［M］．北京：高等教育出版社，2014.

［7］陈维涛，王永进，孙文远．贸易自由化、进口竞争与中国工业行业技术复杂度［J］．国际贸易问题，2017（1）：50－59.

［8］陈智远. 动态比较优势经验研究［J］. 世界经济文汇，2002（1）：64-72.

［9］程惠芳，陆嘉俊. 知识资本对工业企业全要素生产率影响的实证分析［J］. 经济研究，2014（5）：174-187.

［10］代谦，别朝霞. 人力资本、动态比较优势与发展中国家产业结构升级［J］. 世界经济，2006（11）：70-84.

［11］戴维·罗默. 高级宏观经济学［M］. 上海：上海财经大学出版社，2009.

［12］戴翔，金碚. 产品内分工、制度质量与出口技术复杂度［J］. 经济研究，2014（7）：4-17.

［13］董秘刚. 技术进步与国际贸易［M］. 北京：中国经济出版社，2011.

［14］杜传忠，张丽. 中国工业制成品出口的国内技术复杂度测算及其动态变迁——基于国际垂直专业化分工的视角［J］. 中国工业经济，2013（12）：52-64.

［15］范承泽，胡一帆，郑红亮. FDI 对国内企业技术创新研究的理论与实证分析［J］. 经济研究，2008（1）：89-102.

［16］方园. 金融发展与出口复杂度提升的影响机理与效应研究［D］. 浙江大学博士学位论文，2013.

［17］封伟毅，李建华，赵树宽. 技术创新对高技术产业竞争力的影响——基于中国 1995—2010 年数据的实证分析［J］. 中国软科学，2012（9）：154-164.

［18］傅家骥. 技术创新经济学［M］. 北京：清华大学出版社，2000.

［19］傅晓霞，吴利学. 技术差距、创新路径与经济赶超——基于后

发国家的内生技术进步模型［J］. 经济研究，2013（6）：19 – 32.

［20］高良谋、李宇. 企业规模与技术创新倒 U 关系的形成机制与动态拓展［J］. 管理世界，2009（8）：113 – 123.

［21］郭国峰，温军伟，孙保营. 技术创新能力的影响因素分析——基于中部六省面板数据的实证研究［J］. 数量经济技术经济研究，2007（9）：134 – 143.

［22］郭熙保，肖利平. 后发优势、技术吸收能力与中国的经验［J］. 武汉大学学报：哲学社会科学版，2009，61（5）：614 – 619.

［23］郭熙保. 中国经济高速增长之谜新解——来自后发优势视角［J］. 学术月刊，2009，41（2）：63 – 71.

［24］韩玉雄，李怀祖. 关于中国知识产权保护水平的定量分析［J］. 科学学研究，2005，23（3）：377 – 382.

［25］何兴强，欧燕，史卫，刘洋. FDI 技术溢出与中国吸收能力门槛研究［J］. 世界经济，2014（10）：52 – 76.

［26］何郁冰，曾益. 开放式自主创新对产业国际竞争力的影响——基于中国制造业 2000—2010 年面板数据［J］. 科学学与科学技术管理，2013，34（3）：13 – 22.

［27］洪世勤，刘厚俊. 中国制造业出口技术结构的测度及影响因素研究［J］. 数量经济技术经济研究，2015（3）：77 – 93.

［28］侯经川，黄祖辉，钱文荣. 创新、动态比较优势与经济竞争力提升［J］. 数量经济技术经济研究，2007（5）：88 – 97.

［29］黄先海，陈晓华，刘慧. 产业出口复杂度的测度及其动态演进机理分析——基于 52 个经济体 1993 ~ 2006 年金属制品出口的实证研究［J］. 管理世界，2010（3）：44 – 55.

［30］蒋殿春，夏良科. 外商直接投资对中国高新技术产业技术创新

作用的经验分析 [J]. 世界经济，2005（8）：3-10.

[31] 蒋仁爱，冯根福. 贸易、FDI、无形技术外溢与中国技术进步 [J]. 管理世界，2012（9）：49-60.

[32] 金碚，李鹏飞，廖建辉. 中国产业国际竞争力现状及演变趋势——基于出口商品的分析 [J]. 中国工业经济，2013（5）：5-17.

[33] 鞠建东，马弘，魏自儒，钱颖一，刘庆. 中美贸易的反比较优势之谜 [J]. 经济学（季刊），2012，11（3）：805-832.

[34] 赖明勇，包群，彭水军，张新. 外商直接投资与技术外溢：基于吸收能力的研究 [J]. 经济研究，2005（8）：95-105.

[35] 赖明勇，王建华，吴献金. 技术创新对中国工业制成品国际竞争力作用的实证研究 [J]. 统计研究，1999（6）：15-19.

[36] 李兵，岳云嵩，陈婷. 出口与企业自主技术创新：来自企业专利数据的经验研究 [J]. 世界经济，2016（12）：72-94.

[37] 李光泗，沈坤荣. 中国技术引进、自主研发与创新绩效研究 [J]. 财经研究，2011，37（11）：39-49.

[38] 李树培. 我国企业技术自主创新动力不足：原因与对策的博弈分析 [J]. 南开经济研究，2009（3）：116-127.

[39] 李小平，周记顺，王树柏. 中国制造业出口复杂度的提升和制造业增长 [J]. 世界经济，2015（2）：31-57.

[40] 李小平，朱钟棣. 国际贸易、R&D溢出和生产率增长 [J]. 经济研究，2006（2）：31-43.

[41] 李永. 动态比较优势理论：一种新的模型解释 [J]. 经济评论，2003（1）：43-45.

[42] 林毅夫，张鹏飞. 后发优势、技术引进和落后国家的经济增长 [J]. 经济研究，2005，5（1）：53-74.

[43] 刘克寅，宣勇，池仁勇. 企业内外部 R&D 战略的互补性与替代研究——基于中国大中型工业企业的行业数据分析 [J]. 研究与发展管理，2015（6）：1-9.

[44] 刘泉. 价值链体系背景下产品内垂直分工的技术外溢研究 [J]. 山西财经大学学报，2013，35（11）：45-56.

[45] 刘思明，侯鹏，赵彦云. 知识产权保护与中国工业创新能力——来自省级大中型工业企业面板数据的实证研究 [J]. 数量经济技术经济研究，2015（3）：40-57.

[46] 刘维林，李兰冰，刘玉海. 全球价值链嵌入对中国出口技术复杂度的影响 [J]. 中国工业经济，2014（6）：83-95.

[47] 刘小鲁. 我国创新能力积累的主要途径：R&D、技术引进、还是 FDI? [J]. 经济评论，2011（3）：88-96.

[48] 刘小鲁. 知识产权保护、自主研发比重与后发国家的技术进步 [J]. 管理世界，2011（10）：10-19.

[49] 鲁晓东. 技术升级与中国出口竞争力变迁：从微观向宏观的弥合 [J]. 世界经济，2014（8）：70-97.

[50] 毛其淋，方森辉. 创新驱动与中国制造业出口技术复杂度 [J]. 世界经济与政治论坛，2018（2）：1-24.

[51] 毛其淋，盛斌. 对外经济开放、区域市场整合与全要素生产率 [J]. 经济学（季刊），2011，11（1）：181-210.

[52] 马文军，卜伟，易倩. 产业安全研究——理论、方法与实证 [M]. 北京：中国社会科学出版社，2018.

[53] 牛泽东，张倩肖. 中国装备制造业的技术创新效率 [J]. 数量经济技术经济研究，2012（11）：51-67.

[54] 彭继民. 提高自主创新能力的思路 [J]. 经济研究参考，2006

（1）：32 – 43.

[55] 彭向，蒋传海.产业集聚、知识溢出与地区创新——基于中国工业行业的实证检验，经济学季刊 [J].2011，10（3）：913 – 934.

[56] 邱斌，叶龙凤，孙少勤.参与全球生产网络对我国制造业价值链提升影响的实证研究 [J].中国工业经济，2012（1）：57 – 67.

[57] 任志成，戴翔.产品内分工、贸易自由化与中国产业出口竞争力 [J].国际贸易问题，2014（4）：23 – 32.

[58] 芮明杰，富立友，陈晓静.产业国际竞争力评价：理论与方法 [M].上海：复旦大学出版社，2010.

[59] 上官绪明.技术溢出、吸收能力与技术进步 [J].世界经济研究，2016（8）：87 – 100.

[60] 汤萱.技术引进影响自主创新的机理及实证研究——基于中国制造业面板数据的实证检验 [J].中国软科学，2016（5）：119 – 132.

[61] 唐海燕，张会清.产品内国际分工与发展中国家的价值链提升 [J].经济研究，2009（9）：81 – 93.

[62] 王红领，李稻葵，冯俊新.FDI 与自主研发：基于行业数据的经验研究 [J].经济研究，2006（2）：44 – 56.

[63] 王奇珍，朱英明，朱淑文.技术创新对出口增长二元边际的影响 [J].国际贸易问题，2015（4）：62 – 71.

[64] 王翔，陈江涛.基于偏离—份额分析法的贸易综合竞争力分析 [J].统计研究，2013，30（9）：44 – 49.

[65] 王玉燕，林汉川，吕臣.全球价值链嵌入的技术进步效应——来自中国工业面板数据的经验研究 [J].中国工业经济，2014（9）：65 – 77.

[66] 王正新，朱洪涛.创新效率对高技术产业出口复杂度的非线性

影响［J］. 国际贸易问题，2017（6）：61 – 70.

［67］文豪，张敬霞，陈中锋. 中国的知识产权保护与技术创新——基于行业特征的实证分析［J］. 宏观经济研究，2014（11）：69 – 77.

［68］谢建国，周露昭. 进口贸易、吸收能力与国际 R&D 技术溢出：中国省区面板数据的研究［J］. 世界经济，2009（9）：68 – 81.

［69］谢子远，鞠芳辉. 同质集聚、异质集聚与产业国际竞争力——基于中国 15 个制造行业 2000～2011 年面板数据的实证研究［J］. 国际贸易问题，2014（2）：13 – 23.

［70］熊彼特. 经济发展理论［M］. 北京：商务印书馆，1990.

［71］许和连，成丽红. 动态比较优势理论适用于我国服务出口贸易结构转型吗？——基于素素结构视角下的中国省级面板数据分析［J］. 国际贸易问题，2015（1）：25 – 35.

［72］姚洋，张晔. 中国出口品国内技术含量升级的动态研究——来自全国及江苏省、广东省的证据［J］. 经济管理，2008（2）：67 – 82.

［73］余长林. 知识产权保护、模仿威胁与中国制造业出口［J］. 经济学动态，2015（11）：43 – 54.

［74］余典范. 中国产业动态比较优势的实证研究——基于马尔科夫链的方法［J］. 经济管理，2013，35（12）：11 – 22.

［75］张平. 全球价值链分工与中国制造业成长［D］. 辽宁大学博士学位论文，2013.

［76］张伟. 经济发展中我国适度知识产权保护水平研究［D］. 南京大学博士学位论文，2012.

［77］张小蒂，李风华. 技术创新、政府干预与竞争优势［J］. 世界经济，2001（7）：44 – 49.

［78］张宇. FDI 技术外溢的地区差异与吸收能力的门限特征［J］. 数

量经济技术经济研究，2008（1）：28－39.

[79] 赵红，彭馨. 中国出口复杂度测算及影响因素研究 [J]. 中国软科学，2014（11）：183－192.

[80] 郑展鹏，王洋东. 国际技术溢出、人力资本与出口技术复杂度 [J]. 经济学家，2017（1）：97－104.

[81] 周材荣. FDI、产业集聚是否有助于国际竞争力的提升 [J]. 经济理论与经济管理，2016（10）：56－68.

[82] 周升起，兰珍先，付华. 中国制造业在全球价值链分工地位的再考察——基于 Koopman 等的"GVC 地位指数" [J]. 国际贸易问题，2014（2）：3－12.

[83] Aitken, B and A. Harrison, Do Domestic Firms Benefit from Direct Foreign Investment? Evidence from Venezuela [J]. Journal of Economics, 1999, 87（1）：29－53.

[84] Albert G. Z. Hu, Gary H. Jefferson, Qian Jinchang. R&D and Technology Transfer: Firm-level Evidence From Chinese Industry [J]. The Review of Economics and Statistics, 2005, 87（4）：780－786.

[85] Arellano, Bond. Some Tests of Specification for Panel Data: Monte Carlo Evidence and an Application to Employment Equations [J]. Review of Economic Studies, 1991, 58（2）：277－297.

[86] Ari Van Assche, Byron Gangnes. Electronics Production Upgrading: is China Exceptional? [J]. Applied Economics Lectters, 2010, 17（5）：477－482.

[87] Bela Balassa. The Changing Pattern of Comparative Advantage [J]. Journal of International Economics, 1981, 11（2）：207－224.

[88] Bin Xu. The Sophistication of Expotrs: Is China Special? [J]. China

Economic Review, 2010 (21): 482 – 493.

[89] Blalock, G., and P. J. Gertler. How Firm Capabilities Affect Who Benefits from Foreign Technology [J]. Journal of Development Economics, 2009, 90 (2): 192 – 199.

[90] Bond, E. W., K. Trask, Ping Wang, Factor accumulation and trade: Dynamic comparative advantage with endogenous physical and human capital [J]. International Economic Review, 2003, 44 (3): 1041 – 1061.

[91] Bound J. Cummins C. Griliches Z., Hall B. H., Jaffe A. "Who Does R&D and Who Patents?", in Griliches Z. (ed.) R&D, Patentsand Productivity [M]. Chicago: University of Chicago Press, 1984.

[92] Brecher, R. A., Zhiqi Chen & E. U. Choudhri. Absolute and comparative advantage reconsidered [J]. Review of International Economics, 2002, 10 (4): 645 – 656.

[93] C. G. Tombazos, Xiaokai Yang, Dingsheng Zhang. A Neo-Heckscher-Ohlin Model of Trade with Endogenous Production Patterns [J]. The Economic Society of Australia, 2005, 81: 71 – 117.

[94] Chen, Zhiqi. Long-run equilibria in a dynamic Heckscher – Ohlin model [J]. The Canadian Journal of Economics, 1992, 25 (4): 923 – 943.

[95] Christine Greenhalgh. Innovation and Trade Performance in the United Kingdom [J]. The economic Journal, 1990, 100 (400): 105 – 118.

[96] Cohen, W. M., Levinthal, D. A. Innovation and Learning: The Two Face of R&D [J]. Economic Journal, 1989, 99 (397): 569 – 596.

[97] Dani Rodrik. What's So Special about China's Exports? [J]. China & World Economy, 2006, 14 (5): 1 – 19.

[98] David T Coe, Elhanan Helpman, Alexander W. Hoffmaister. North-

South R&D Spillovers ［J］. The Economic Journal, 1997, 107 （440）: 134 – 149.

［99］ David T Coe, Elhanan Helpman. International R&D spillovers ［J］. European Economic Review, 1995, 39: 859 – 887.

［100］ D Dollar. Technological Difference as a Source of Comparative Advantage ［J］. American Economic Review, 1993, 83 （2）: 431 – 435.

［101］ Diana A. Filipescu, Shameen Prashantham, Alex Rialp, and Josep Rialp. Technological Innovation and Exports: Unpacking Their Reciprocal Causality ［J］. Journal of International Marketing, 2013, 21 （1）: 23 – 38.

［102］ Engelbrech, Hans – Jurgen Business sector R&D and Australia's manufacturing trade structure ［J］. Applied Economics, 1998, 30 （2）: 177 – 187.

［103］ Ethier, W. J. National and international returns to scale in the modern theory of international trade ［J］. American Economic Review, 1982, 72: 389 – 405.

［104］ Fitzgeralda, D. J. C. Hallakb. Specialization, factor accumulation and development ［J］. Journal of International Economics, 2004 （64）: 277 – 302.

［105］ Fracasso, A. , and G. Marzetti. International R&D Spillovers, Absorptive Capacity and Relative Backwardness: A Panel Smooth Transition Regression Model ［J］. International Economic Journal, 2014, 28 （1）: 137 – 160.

［106］ Francoise Lemoine, Deniz unal Kesenci. Assembly Trade and Technology Transfer: The Case of China ［J］. World Development, 2004, 32 （5）: 829 – 850.

[107] Fulvio Castellacci. Innovation and the competitiveness of industries: Comparing the mainstream and the evolutionary approaches [J]. Technological Forecasting and Social Change, 2008 (75): 984 – 1006.

[108] Gellman Research Associates. Indicators of international trends in technological innovation. Prepared for the National Science Foundation, 1976.

[109] Gene M. Grossman, Elhanan Helpman. Product Development and International Trade [J]. Journal of Political Economic, 1989, 97 (6): 1261 – 1283.

[110] Gene M. Grossman, Elhanan Helpman. Trade, knowledge spillovers, and growth [J]. European Economic Review, 1991 (35): 517 – 526.

[111] Gene M. Grossman and Elhanan Helpman. Comparative Advantage and Long-Run Growth [J]. The American Economic Review, 1990, 80 (4): 796 – 815.

[112] Gilbert, R, Shapiro, C. Optimal Patent Length and Breadth [J]. The RAND Journal of Economics, 1990, 21 (1): 113 – 130.

[113] Girma, S. Absorptive Capacity and Productivity Spillovers from FDI: A Threshold Regression Analysis [J]. Oxford Bulletin of Economics and Statistics, 2005, 67 (3): 281 – 306.

[114] Griffith, R. Redding, S. and Van Reenen, J. Mapping the two faces of R&D: Productivity growth in a panel of OECD industries. [J]. Review of Economics and Statistics, 2006, 86 (4): 883 – 895.

[115] Griliches, Zvi. Issues in Assessing the Contribution of R&D to Producity Growth [J]. Bell Journal of Economics, 1979 (10): 92 – 116.

[116] Hallak, J. C. and Schott, P. K. " Estimating Cross—Country Differences in Product Quality. " NBEH Working Paper, 2009, No. 13807.

[117] Han Jurgen Engelbrech. Australia's industrial R&D expenditure and foreign trade [J]. Applied Economics, 1992, 24 (5): 545 –556.

[118] Harding, T., Javorcik, B. S. FDI and export upgrading. Economics series working papers No. 526. University of Oxford, Department of Economics, 2011.

[119] Harrigan, J. E. Zakrajsek. Factor supplies and specialization in the world economy, NBER working Paper, 2000, No. 7848.

[120] Helpman E. Innovation, Imitation, and Intellectual Property Rights [J]. Econometrica, 1993, 61 (6): 1247 –1280.

[121] Hess, A. M., Rothaermel, F. T. When are assets complementary? Star scientists, stratrgic alliances and innovation in the pharmaceutical industry [J]. Stratrgic Management Journal, 2011, 32 (8): 895 –909.

[122] Huang, G. Yin, Z. Intellectual Property Rights and Multinational Enterprises Entry: Evidence from Cross-Country Data [J]. School of Economics Peking University Working Paper. 2010, No. E –2010 –05 –003.

[123] Hui-lin lin. Eric S. Lin. FDI, Trade, and Product Innovation: Theory and Evidence [J]. Southern Economic Journal, 2010, 77 (2): 434 –464.

[124] Jaffe, A. B. Real effects of Academic Research [J]. American Economic Review, 1989, 79 (5): 957 –970.

[125] Jaymin Lee. Technology Imports and R&D Efforts of Korean Manufacturing Firms [J]. Journal of Development Economics, 1996 (50): 197 –210.

[126] Jiajun Xu. Stephen Gelb. Jiewei Li and Zuoxiang Zhao. Adjusting to Rising Costs in Chinese Light Manufacturing. INSE Working paper No. 1.

[127] Jian Cheng Guan a, Richard C. M. Yam b, Chiu Kam Mok, Ning Ma. A study of the relationship between competitiveness and technological innovation capability based on DEA models [J]. European Journal of Operational Research, 2006 (170): 971 –986.

[128] Jiandog Ju, Xinding Yu. Productivity, profitability, production and export structures along the value chain in China [J]. Journal of Comparative Economics, 2015 (43): 33 –54.

[129] John Clark, Ken Guy. Innovation and Competetiviness: A Review. [J]. Technology Analysis & Strategic Management, 1998, 10 (3): 363 – 395.

[130] John Hagedoorn, Ning Wang. Is there complementarity or substitutability between internal and external R&D strategies? [J]. Research Policy, 2012, 41: 1072 –1083.

[131] Jong Bum Kim, Charles T. Stewart, Jr. The Relation between Technology Import and Domestic R&D [J]. Technology Transfer, 1993: 94 – 103.

[132] Joseph E. Stiglitz, Daniel McFadden, Sam Peltzman. Technological Change, Sunk Costs and Competition [J]. Brookings Papers on Economic Activity, 1987 (3): 883 –947.

[133] Katharine Wakelin. The role of Innovation in bilateral OECD Trade Performance [J]. Applied Economics, 1998 (30): 1335 –1346.

[134] Kenne J. Arrow. The Economic Implications of Learning by Doing [J]. The Review of Economic Studies, 1962, 29 (3): 155 –173.

[135] Kevin, Honglin Zhang. How does foreign direct investment affect industrial competitiveness? Evidence from China [J]. China Economic Review,

2014（30）：530 - 539.

［136］Kim, Linsu, and Richard R. Nelson, Technology, Learning and Innovation: Experiences of Newly Industrializing Economies ［M］. Cambridge: Cambridge University Press, 2000.

［137］Kinoshita, Y. R&D and Technology Spillovers via FDI: Innovation and Absorptive Capacity. CEPR working paper, 2001, 349a.

［138］Kiyota, K. "Are US Exports Different from China's Exports? Evidence from Japan's Imports. " The World E - amomy, 2010, 33（10）: 1302 - 1324.

［139］Klempere P. , Romer, P. M. . How Broad Should the Scope of Patent Protection Be ［J］. The RAND Journal of Economics, 1990, 21（1）: 106 - 112.

［140］Kneller, R. Frontier Technology, Absorptive Capacity and Distance ［J］. Oxford Bulletin of Economics and Statistics, 2005, 67（1）: 1 - 23.

［141］Lakhwinder Singh. Technological progress, structural change and productivity growth in the manufacturing sector of South Korea ［J］. World Review of Science, Technology and Sustainable Development, 2004, 1（1）: 37 - 49.

［142］Lall, S. , Weiss, J. and J. Zhang. The "Sophistication" of Exports: A New Measure of Product Characteristics ［J］. World Development, 2006（2）: 222 - 237.

［143］Lee, Jaymin. Technology imports and R&D efforts of Korean manufacturing firms ［J］. Journal of Development Economics, 1996, 50（3）: 197 - 210.

［144］ Lee Branstetter. Is Foreign Direct Investment a Channel of Knowledge Spillovers? Evidence from Janpans FDI in the United States ［J］. Journal of International Economics, 2006, 68 (1): 325 - 344.

［145］ Li, X. Sources of External Technology, Absorptive Capacity, and Innovation Capability in Chinese State-owned High-Tech Enterprises ［J］. World Development, 2011, 39 (7): 1240 - 1248.

［146］ Lijun Liu, Zuhua Jiang. Influence of technological innovation capabilities on product competitiveness ［J］. Industrial Management & Data Systems, 2016, 116 (5): 883 - 902.

［147］ Mansfield E. The Economics of Technological Change ［M］. New York: Norton, 1968.

［148］ Margarethe F. Wiersema, Harry P. Bowen. The Use of Limited Dependent Variable Techniques in Strategy Research: Issues and Methods. ［J］. Stratrgic Management Journal, 2009, 30 (6): 679 - 692.

［149］ Michael Funke, Ralf Ruhwedel. Export Variety and Export Performance Empirical Evidence from East Asia ［J］. Journal of Asian Economics, 2001 (12): 493 - 505.

［150］ Mondal Debasis, Gupta Ranjan Manash. Innovation, Imitation, and Intellectual Property Rights. A Note on Helpman's Model ［J］. American Economic Review, 2006, 89 (3): 605 - 618.

［151］ M. V. Posner. International Trade and Technical Change ［J］. Oxford Economic Papers, 1961, 13 (3): 323 - 341.

［152］ Ono, Yoshiyasu, A. Shibata. Long-run Specialization ［J］. Review of international Economics, 2006, 14 (1): 1 - 15.

［153］ Pamela J. Smith. How do foreign patent rights affect U. S. exports, affiliate sales, and licenses? [J]. Journal of International Economics, 2001, 55 (2): 411 –439.

[154] Paul Krugman. Increasing Returns, Monopolistic Competition and international trade [J]. Journal of International Economics, 1979, 9 (4): 469 –479.

[155] Paul Krugman. Scale Economics, Product Differentiation, and the Pattern of Trade [J]. The American Economic Review, 1980, 70 (5): 950 –959.

[156] Paul R. Krugman, The Narrow Moving Band, the Dutch Disease, and the Competitive Consequences of Ms. Thatcher: Notes on Trade in the Presence of Dynamic Scale Economies [J]. Journal of Development Economics, 1987, 27 (1): 41 –55.

[157] Peter K. Schott, Clemens Fuest, Kevin ORourke, The Relative Sophistication of Chinese Exports [J]. Economic Policy, 2008, 23 (53): 5 –49.

[158] Petra Moser. Patents and Innovation: Evidence from Economic History [J]. The Journal of Economic Perspectives, 2013, 27 (1): 23 –24.

[159] Philippe Aghion, NicK Bloom, etal. Competition and Innovation: an Inverted-U Relationship [J]. Quarterly Journal of Economics, 2005, 20 (2): 701 –728.

[160] Raymond Vernon. International Investment and International Trade in the Product Cycle [J]. The Quarterly Journal of Economics, 1966, 80 (2): 190 –207.

[161] R. Dornbusch, S. Fischer and P. A. Samuelson, Comparative Advantage, Trade, and Payments in a Ricardian Model with a Continuum of Goods [J]. *American Economic Review*, 1977, 67 (5): 823 –839.

［162］ Ricardo Hausman, Jason Hwang, Dani Rodrik, What You Export Matters? ［J］. Journal of Economic Growth, 2007, 12（1）: 1 –25.

［163］ Richard Blundell, Stephen Bond. Initial Conditions and Moment Restrictions in Dynamic Panel Data Models ［J］. Journal of Econometrics, 1998（87）: 115 –143.

［164］ Robert M Stern, Keith E. Maskus. Determinants of the Structure of US Foreign Trade: 1958 – 1976 ［J］. Journal of International Economics, 1981, 11（2）: 207 –224.

［165］ Rogers, M. Absorptive Capacity and Economic Growth: How Do Countries Catch-up ［J］. Cambridge Journal Economics, 2004, 28（4）: 577 – 596.

［166］ Romer, P. M. , Endogenous technological change ［J］. Journal of Political Economy, 1989, 14（3）: 71 –102.

［167］ Roodman, D. How to do xtabond2: An introduction to "differ-ence" and "system" GMM in Stata. Center for global development working pa-per, 2006: 103.

［168］ Samuel P. S. Ho. Technology Transfer to China During the 1980s – How Effective? Some Evidence from Jiangsu ［J］. Pacific Affair, 1997, 70（1）: 85 –106.

［169］ Sayan, S. Heckscher-ohlin revisited: implication of differential population dynamics for trade within an overlapping generations framework ［J］. Journal of Economic Dynamics & Control, 2005（29）: 1471 –1493.

［170］ Schumpeter J. A. Capitalism. Socialism and Democracy ［M］. New York: Harper & Row, 1942.

［171］ Shang-Jin Wei. Zhuan Xie. Xiaobo Zhang. From "Made in China" to "Innovated in China": Necessary, Prospect and Challenges [J]. NBER Working Paper, 22854. 2016.

[172] Shujin Zhu, XiaoLan Fu. Drivers of Export Upgrading [J]. World Development, 2013 (51): 221 – 233.

[173] Sorin M. S. Krammer. Drivers of National innovation in transition: Evidence from a panel of Eastern European countries [J]. Research Policy, 2009, 38 (5): 845 – 860.

[174] Stephen Redding. Dynamic Comparative Advantage and the Welfare Effects of Trade [J]. Oxford Economic Papers, 1999, 51 (1): 15 – 39.

[175] Stephen Redding. Specialization dynamics [J]. Journal of International Economics, 2002 (58): 299 – 334.

[176] Stephen Roper, James H Love. Innovation and Export Performance: Evidence from the UK and German Manufacturing Plants [J]. Research Policy, 2002, 31 (7): 1087 – 1102.

[177] St. John, C. H. , Pouder, R. , Technology Clusters versus Industry Clusters: Resources, Networks and Regional Advantages [J]. Growth and Change, 2006, 37 (2): 141 – 171.

[178] Vogel J. The Two Faces of R&D and Human Capital: Evidence from Western European Regions [J]. Papers in Regional Science, 2015, 94 (3): 525 – 551.

[179] Wallsten S. J. , The Effects of Government-Industry R&D Programs on Private R&D: the Case of the Small Business Innovation Research Program [J]. Rand Journal of Economics, 2000, 31 (1): 82 – 100.

[180] Wang E. C. , Huang W. , Relative Efficiency of R&D Activities: A Cross-Country Study Accounting for Environment Factors in the DEA Ap-

proach [J]. Research Policy, 2007, 36 (2): 260 – 273.

[181] Wei, Y. and Liu, X. Productivity Spillovers from R&D, Exports and FDI in China's Manufacturing Sector [J]. Journal of International Business Studies, 2006, 37 (4): 544 – 557.

[182] Wesley M. Cohen, Richard C. Levin, David C. Mowery. Firm size and R&D intensity: A Re-examination [J]. The Journal of Industrial Economics, 1987, 35 (4): 543 – 565.

[183] Wilfred J. Ethier. National and International Returns to Scale in the Modern Theory of International Trade [J]. The American Economic Review, 1982, 72 (3): 389 – 405.

[184] Xiaokai. Yang, Jeff Borland. A Microeconomic Mechanism for Economic Growth [J]. The Journal of Political Economic Growth, 1991, 99 (3): 460 – 482.

[185] Xiaolan Fu. Foreign Direct Investment, Absorptive Capacity and Regional Innovation Capabilities: Evidence from China [J]. Meeting Paper of Experts on "FDI, Technology and Competitiveness", 2007.

[186] Xibao Li. Sources of External Technology, Absorptive Capacity, andInnovation Capability in Chinese State-Owned High-Tech Enterprises [J]. World Development, 2011, 39 (7): 1240 – 1248.

[187] Zhang Anming, Zhang Yimin, Zhao Ronald, A Study of the R&D Efficiency and Productivity of Chinese Firms [J]. Journal of Comparative Economics, 2003, 31 (3): 443 – 464.